ANÁLISE DE ALGUNS TIPOS DE RESISTÊNCIA

AUTONOMIA
LITERÁRIA

Coordenação editorial
Cauê Seignemartin Ameni, Hugo Albuquerque, Manuela Beloni
Edição, adaptação e tradução: Pedro Silva
Revisão: Pedro Silva
Capa: Rodrigo Côrrea
Diagramação: Biana Fernandes

Dados Internacionais de Catalogação na Publicação (CIP)
(eDOC BRASIL, Belo Horizonte/MG)

C117a Cabral, Amilcar, 1924-1973.
Análise de alguns tipos de resistência / Amilcar Cabral; tradução Pedro Silva. – São Paulo, SP: Autonomia Literária, 2024.
150 p. : 14 x 21 cm

ISBN 978-65-5497-036-5

1. Nacionalismo – África. 2. África – Política e governo. I. Silva, Pedro. II. Título.
CDD 960

Elaborado por Maurício Amormino Júnior – CRB6/2422

Autonomia Literária
Rua Conselheiro Ramalho, 945
CEP: 01325-001 São Paulo – SP
autonomialiteraria.com.br

AMÍLCAR CABRAL

ANÁLISE DE ALGUNS TIPOS DE RESISTÊNCIA

Autonomia Literária
2024

SUMÁRIO

Prefácio 7
Por Marcio Farias

Nota do editor 19

Resistência política 21

Resistência econômica 45

Resistência cultural 77

Resistência armada 109

Apêndice 133
Relatório Geral Sobre a Luta de Libertação Nacional

PREFÁCIO

A internacional antirracista

Por Marcio Farias[1]

Ao longo do século XX tivemos um conjunto de experiências de revoluções contestatórias à ordem capitalista. Desde a revolução russa, passando pela revolução chinesa, cubana, vietnamita, chilena, nicaraguense, entre tantas outras, as revoluções africanas, no contexto das independências nacionais naquela região, entre as décadas de 1950 e 1970, talvez sejam as experiências políticas pregressas que mais nos possibilitam tirar lições do passado para uma crítica do presente com vias de um futuro anticapitalista.

Isso porque, ocorridas na antessala do capital globalizado, exigiram de seus intelectuais, militantes e combatentes, um conjunto muito amplo de análises teóricas para sustentar uma prática revolucionária. Lutavam contra o neocolonialismo, estrutura de dominação surgida no quadro de fins do século XIX, emergente quando da transição do capitalismo industrial e concorrencial para o capitalismo de extração monopolista e imperialista. O neocolonialismo pode ser descrito como um processo de dominação econômica, política e cultural de povos e nações da África e da Ásia por potências europeias e países penduricalhos, que outrora foram importantes, mas que à época, eram países pobres e atrasados para o contexto europeu, como era o caso de Portugal e Itália, ou a Alemanha, que começava seu salto desenvolvimentista pós unificação.

---

1 Professor do Departamento de Psicologia Social da PUC-SP.

Os países neocolonialistas europeus buscavam novos mercados para vender seus produtos, matéria-prima, como também força de trabalho. Numa análise de longa duração e levando em conta o capitalismo como um sistema integrado, o neocolonialismo substitui o colonialismo escravista que varreu as Américas e que foi base para a acumulação primeira do capital. O colonialismo foi a base para expansão do capitalismo, possibilitando às potências econômicas sua base material de acumulação primitiva enquanto o neocolonialismo é a base material que resultou no capitalismo globalizado.

O neocolonialismo teve como forma de efetivação as incursões militares que subjugaram as populações locais, com vias de abrir terreno para que comerciantes, com a ajuda de missionários, pudessem ocupar o território africano. A partir disso, estabeleceu-se as matrizes da exploração econômica, ora com extração de recursos naturais, ora com as extensões das práticas de produção agrícola.

Há diferenças na maneira pela qual os principais países colonialistas exerceram seu domínio. Assim sendo, ingleses, franceses e portugueses tiveram papéis distintos no processo de expansão colonial. E essas formas distintas de exercer a dominação também se manifestam na maneira pela qual a luta contra o neocolonialismo se dará. Ou seja, essa luta ora terá feições singulares e ora terá características comuns.

Essa resistência à invasão europeia no continente africano se deu desde as primeiras décadas do século XX. Tiveram manifestações passivas, que geraram deslocamento de grupos e povos para outros territórios no interior do continente, ao passo que também ocorriam manifestações mais ativas, de revoltas e confrontos diretos. Somam-se, a depender da estrutura social de cada país ou região, lutas sindicais, como a greve geral de 1947 no Senegal contra a colonização e a desigualdade e que durou 160 dias e a greve no porto de Pidjiguiti em Guiné Bissau no ano de 1959, que resultou em um massacre dos estivadores em greve. Tiveram também outras formas de confronto, como as guerrilhas encampadas pelos Mau Mau no Quênia contra o colonialismo inglês ou a resistência cultural dos povos Bijagós contra o colonialismo português.

Uma outra etapa importante da resistência e do avanço da luta contra o colonialismo se deram quando estudantes oriundos do continente africano vão estudar na Europa e por lá se conectam tanto com a luta anticolonial de outros povos do continente africano, como também com a luta contra o racismo no ocidente e a luta contra o capitalismo por parte das esquerdas comunistas. Ao longo de toda a primeira quadra do século XX, acumula-se teórica e politicamente uma compreensão mais global da luta contra o neocolonialismo, encampando também a luta contra o imperialismo, o racismo e, para alguns desses intelectuais, a luta contra o capitalismo, tendo como horizonte uma revolução de natureza socialista. Com o avanço das lutas anticoloniais, avança também a discussão sobre a característica da revolução africana, na medida em que se compreende que a particularidade africana se expressa não tão somente nas formas culturais específicas de seus povos, mas que essas formas culturais específicas são se expressam da maneira pela qual as relações sociais se estabeleceram ao longo do tempo no território africano.

Esse acúmulo se deu por conta de espaços de sociabilidades, tais como grupo de estudos e coletivos de estudantes negros ocorridos em Portugal, França e Inglaterra, bem como a participação desses intelectuais em partidos políticos, em especial os partidos comunistas. Na França, as *La Revue Du Monde Noir*, *L'Etudiant Noir* e *Legitime Défense* são as primeiras expressões dessa reflexão de longa duração que desdobrara no Movimento Negritude e na participação de intelectuais no Partido Comunista Francês, como era o caso de Aimé Césaire, nas lutas pela libertação do continente africano, como foi o caso de Frantz Fanon e na luta pela independência e posterior administração política, como foi o caso de Leopold Senghor em Senegal. Na Inglaterra, os caribenhos C.L.R James, George Padmore e Claudia Jones se juntam aos africanos Kwame N'Krumah e Jomo Kenyatta e cerram debates, direta ou indiretamente, no Partido Comunista Inglês, nas sessões que debatiam o anti-imperialismo.

Da diáspora, o Movimento Renascença do Harlem foi inspiração para as vanguardas anticoloniais, sobretudo pelo fato de que muitos dos intelectuais e artistas estadunidenses que foram os grandes nomes desse movimento cultural migraram para a Europa e estabeleceram intercâmbio com os demais intelectuais africanos e caribenhos. Figuras como Langston Hughes e Richard Wright, passaram por Paris e Londres, estabelecendo pontos de contato com intelectuais oriundos do continente africano. O inverso também ocorreu, quando intelectuais africanos foram aos EUA e por lá tiveram contato com a luta antirracista e conheceram DuBois, Marcus Garvey, mas também o blues e o jazz que nos instrumentos musicais e nas vozes de Bessie Smith, Duke Ellington e Louis Armstrong, traduziam as almas da gente negra.

Todas essas experiências, toda essa cena cultural, intelectual, artística e política de luta contra o racismo moderno, contra o imperialismo, e contra o neocolonialismo, culminaria na internacional antirracista, batizada de pan-africanismo. A ideia pan-africana surgida no contexto abolicionista anglo-saxão, ganhou forma política ao longo do século XX e se materializou nos congressos que ocorreram ao longo da primeira metade do século XX. Foram cinco: 1) 1919 em Paris; 2) 1921 em Bruxelas, Londres e Paris; 3) 1923 em Lisboa; 4) 1927 em Nova Iorque; 5) 1945 em Manchester.

Menos badalada, a experiência anticolonial portuguesa se produziu ao longo de todo século XX e ocupa lugar de destaque na luta pan-africanista. Em Portugal, a Casa dos Estudantes do Império tinha como função acolher estudantes das colônias portuguesas que estudavam na metrópole para fortalecer a identidade de pessoas advindas dos territórios ultramarinos como portugueses. No entanto, foi neste espaço que se fortaleceu o sentimento anticolonial. Deste grupo, destacam-se Samora Machel, Marcelino dos Santos, Agostinho Neto, Mário de Andrade, entre tantos outros ícones das lutas pela independência das colônias portuguesas. Destes nomes todos, Amílcar Cabral se destacou como intelectual de proa e líder independentista.

Amílcar Cabral: anticolonialista e revolucionário

Amílcar Cabral nasceu em 1924 em Bafatá (Guiné-Bissau), filho de Iva Pinhel Évora, uma comerciante nascida em Cabo Verde e de Juvenal Cabral, professor e escritor. Quando jovem, mudou com a família para Cabo Verde e por lá estudou no Liceu de São Vicente. Nesses tempos, ainda jovem, começa a esboçar suas identificações contra a política assimilacionista praticada pelo governo colonial português. Escreve, ainda adolescente, dois cadernos de poemas em que salta à vista os temas abordados: a II Guerra Mundial e a situação de seu país. Suas ideias anticoloniais são transmitidas em casa. Seu pai cultivava ideais anticolonialistas, transmitidos em seu livro *Memórias e Reflexões*, onde aborda a frustrante situação vivida pelos africanos na colônia.

Já em Portugal, no ano de 1945, Cabral inicia os estudos universitários no Instituto Superior de Agronomia. Desde o primeiro momento em terras portuguesas, manifesta grande interesse em se aproximar das correntes de pensamento político e cultural que então agitavam a Europa. Traduz essa preocupação participando na campanha pela paz, nos movimentos da juventude progressista e, sobretudo, no lançamento das bases para a conscientização dos estudantes africanos.

Cabral e um grupo de estudantes africanos originários das colônias mantidas por Portugal travaram várias lutas no sentido de reencontrarem suas raízes africanas e de adotarem em conjunto os meios adequados de combate ao colonialismo. É nessa perspectiva que procuram revitalizar a Casa D'África e realizam algumas iniciativas culturais na Casa dos Estudantes do Império. Com isso, criaram em 1951, o Centro de Estudos Africanos que, pela execução de seu programa de "reafricanização dos espíritos" exerce uma importante influência na futura constituição dos partidos políticos.

Enquanto engenheiro agrônomo, Amílcar trabalha como pesquisador na Estação Agronômica de Lisboa. Com esses conhecimentos técnicos, regressa ao seu país natal e realiza o recenseamento agroecológico de Guiné Bissau, atuação que lhe permitiu conhecer profundamente o país, suas características físicas, mas também seu povo e sua cultura.

Com esse acúmulo político e teórico, em 1956, Amílcar Cabral, junto com alguns companheiros, funda em Bissau, o Partido Africano da Independência da Guiné e Cabo Verde (PAIGC). Um ano mais tarde, cria-se o Movimento Anticolonialista (MAC). Os termos da ação política dessa entidade podem ser lidos no *Manifesto Anticolonialista aos Povos das Colônias Portuguesas de África*, publicado em 1957, e que é a carta de princípios do programa de libertação das colônias portuguesas.

Desse período em diante, Amílcar Cabral exerce intensa luta política e teórica para a libertação de sua terra e de seu povo. Regressa a Bissau em 1959, após o massacre de Pidjiguiti, onde organiza e lidera a histórica reunião do PAIGC que decide pela mobilização prioritária das massas camponesas.

Ciente da necessidade de angariar apoio político internacional, Cabral participa, em 1960, da Conferência dos Povos Africanos, em Túnis, e em junho do mesmo ano dá uma conferência de imprensa em Londres, em nome dos povos em luta contra o colonialismo lusitano. Neste ano é publicado em Londres, um de seus mais importantes textos: *Fatos acerca das colônias africanas de Portugal.* Entre 1960 e 1963, o PAIGC, sob liderança de Amílcar Cabral, intensifica sua luta por independência. No plano internacional, apresenta nas Nações Unidas a conferência *O povo da Guiné perante as Nações Unidas* e, na esfera local, inicia a tática da luta armada.

Com o avanço da luta, Amílcar Cabral dirige o 1° Congresso do PAIGC, no ano de 1964, em Cassacá, nas regiões libertadas ao sul de Guiné Bissau. Este congresso é considerado um dos mais decisivos para a reorganização da luta pela independência. Nesse período, no plano internacional, destacam-se a participação de Amílcar no Seminário organizado pelo Centro Frantz Fanon, de Milão, na Itália, cujo tema de discussão foi: "A luta das classes exploradas pela sua emancipação nos países subdesenvolvidos dominados pelo imperialismo" no ano de 1964 e a reunião em Havana, Cuba, no ano de 1966 que criou a "Organização de Solidariedade dos Povos da Ásia, África e América Latina" (Tricontinental).

Já reconhecido internacionalmente como intelectual e político, Amílcar Cabral atua como um internacionalista, fazendo uso de vários mecanismos internacionais para denunciar as práticas violentas do regime português, como o fez em duas oportunidades na Comissão de Direitos Humanos da ONU. Além disso, Cabral é voz internacional do PAIGC, ampliando as articulações com outros povos e nações, seja no próprio contexto africano, na Europa e nos EUA, lugares por onde viajou, fez articulações políticas e deu conferências sobre a situação do seu povo e dos povos colonizados. Nesse interim, destacam-se as conferências proferidas no ano de 1970 na Universidade de Syracuse, em Nova York, quando, em referência à memória e ao legado de Eduardo Mondlane, presidente da Frente de Libertação de Moçambique (FRELIMO), que a pouco tempo havia sido assinado pelo regime colonialista português, Amílcar debate a relação entre *Libertação Nacional e Cultura*, tema central de sua produção intelectual, onde aborda discussões sobre identidade e diferenciação, pequena burguesia e suicídio de classe, entre outras. Na mesma ocasião, discursa tanto na ONU, em Nova York, como em Washington, perante o Comitê de Relações Exteriores da Câmara dos Estados Unidos sobre a agenda de luta do PAIGC.

Pouco tempo depois, junto com outras lideranças da luta pela independência africana, é recebido pelo Papa Paulo IV, no mesmo período em que ocorreu a Conferência de Roma de Solidariedade com os Povos das Colônias Portuguesas, em que uma ampla rede internacional assume a causa dos povos colonizados contra Portugal. Também participa, em Moscou, na Rússia, das comemorações do centenário de Lênin.

Entre os anos de 1971 e 1973, as articulações locais, continentais e internacionais se intensificam e Amílcar dirige as delegações do PAIGC aos seguintes países: China, Japão e Coréia, na Ásia. Na Europa, vai à Finlândia, Irlanda, Frânça, Suíça e Inglaterra. Na África, vai ao Marrocos, Etiópia, Angola e Moçambique. No plano interno, cria o Conselho Superior de Luta (CSL), instância máxima do PAIGC, sob sua presidência.

Seu assassinato, em janeiro de 1973, interrompe a trajetória de umas das personalidades revolucionárias e anticoloniais mais brilhantes do século XX.

A arma da teoria

No ano de 1969, realiza-se o emblemático Seminário de Quadros do PAIGC. Nesse sentido, os textos que estão contemplados nesta edição são os discursos e análises de conjuntura de Amílcar Cabral neste seminário, portanto são reflexões de uma liderança africana revolucionária, atuando em pleno contexto de descolonização.

Por isso, a obra debate o sentido da colonização portuguesa, seus reflexos na cultura e na consciência de classe, a centralidade da questão agrária e consequentemente o papel potencialmente revolucionário do trabalhador do campo. Nesse sentido, a luta colonial era analisada a partir da compreensão de que a burguesia a ser superada era a portuguesa, externa ao território e que no território africano teriam como aliados a pequena burguesia local assimilada.

Dessa forma, Cabral, ao analisar os fatores de resistência, recupera a noção do partido como instrumento que unifica as múltiplas experiências dos povos de Cabo Verde e Guiné Bissau, explicitando o papel da vanguarda na luta contra o colonialismo. No entanto, a noção de partido e de vanguarda salvaguardam as especificidades concretas da luta que faziam: unificar duas regiões distintas, com histórico e processo colonial distintos, ao mesmo tempo em que se devia preservar a identidade cultural e especificidades de cada região, de cada povo.

Nesse sentido, o papel da cultura local, tal como debatido por Amílcar, buscou superar certas noções essencialistas sobre o passado africano, distinguido o que seriam resquícios de modos de pensar baseados em superstições, daquilo que seria processos culturais que organicamente possibilitavam aos povos em luta identificações positivas, diferenciando-se dos valores culturais coloniais que subestimavam os conhecimentos desses povos, suas formas de produção e seus respectivos saberes derivados dessas relações sociais precedentes ao processo colonial. Além disso, debateu as condições para uma cultura aberta às trocas e às novas necessidades e demandas do mundo moderno.

Nesse bojo, o debate sobre a cultura também pressupunha uma discussão de maior envergadura, que envolvesse a noção de povo e de cultura nacional. Ora, a luta de libertação pressupunha negar o Estado colonial e a afirmar um novo, cuja língua oficial do país era tema de difícil trato. Era difícil, na medida em que, anteriormente à colonização, os mais variados povos existentes na região, possuíam suas línguas, mas que, por conta do processo colonial, foram submetidos à língua portuguesa, que era o idioma do colonizador. Por isso, a discussão sobre a língua portuguesa como língua nacional no contexto de descolonização, aceitando a contradição do processo em que essa língua, pela força da violência colonial, buscou impor um padrão cultural externo, ao mesmo tempo em que, ao ser utilizada como instrumento de unificação na luta por libertação, uma vez que todos os povos da região também falavam português, poderia ser um importante instrumento de unidade na luta.

Um outro tema de difícil trato abordado por Amílcar Cabral, mas central na tática de libertação adotada pelo PAIGC contra a colonização portuguesa foi a questão da resistência armada. O mais relevante da análise de Cabral sobre esse assunto é que a opção pela luta armada não era posta à partir de uma ontologia africana, mas sobre uma condição histórica e uma posição tática, cujos riscos precisavam ser debatidos. A guerra traz consequências objetivas, mas também subjetivas. Cabral sabia da necessidade de pensar na política cultural como processo permanente de conscientização, pois a banalização da violência seria um elemento de rebaixamento crítico, tanto durante o processo revolucionário, como posteriormente, na consolidação da revolução.

Por fim, a análise global da tomada de consciência crítica africana frente ao desenvolvimento do capitalismo e os desafios dessa luta colocavam a necessidade de pensar qual era o papel dos povos colonizados na luta internacional dos povos oprimidos e explorados. Cabral não viu acontecer a revolução que semeou. A luta pela independência dessa região foi impondo uma série de derrotas ao regime salazarista e o enfraquecendo tanto militarmente, como no plano das relações internacionais. As últimas flores dos laços coloniais foram se libertando ao longo da década de 1970: Cabo Verde e Guiné Bissau, Angola e Moçambique, e é inegável as contribuições de Amílcar para esses processos.

Em um momento de forte ofensiva do capital, as reflexões de Amílcar Cabral podem ser importantes referências para os povos marginalizados e explorados do mundo inteiro. A eles a arma da teoria!

NOTA DO EDITOR

Os textos que compõem "Análise de alguns tipos de resistência" são transcrições de falas pronunciadas por Amílcar Cabral, então Secretário Geral do Partido Africano da Independência da Guiné e Cabo Verde (PAIGC), no Seminário de Quadros realizado de 19 a 24 de novembro de 1969. Para a presente edição, optamos por adaptar o texto para o português brasileiro, modificando alguns termos e frases mais próximas à variação lusitana do idioma para dar mais fluidez à leitura. No mesmo sentido, foram modificadas algumas passagens onde havia a repetição excessiva de palavras, recurso retórico que faz mais sentido em discursos e palestras do que em um livro.

RESISTÊNCIA POLÍTICA

A nossa resistência, camaradas, podemos compará-la ao seguinte exemplo: uma família, uma tabanca[2] da nossa terra, tem necessidade de cultivar arroz; ela tem duas buchas de arroz.[3] Ela sabe que se tirar uma bucha para semear, vai haver falta, porque não terá arroz para comer. Mas ela tira aquela bucha, semeia-a, e se trabalhar bem, depois pode colher 10, 20, até mesmo 30 buchas, conforme o terreno. Isso é parecido com a resistência de um povo, camaradas.

Nós todos tínhamos a nossa vida, qualquer um de vocês podia estar em sua casa, com a sua família, abaixo do colonialista, certo, mas em sua casa, com a sua família. Outros talvez fossem advogados dos tugas, como há lá outros advogados, médicos dos tugas, como há lá outros médicos, engenheiros, como há lá outros agricultores, mecânicos, carpinteiros, alfaiates, sipaios,[4] soldados, etc. Mas nós resolvemos fazer das nossas cabeças aquela semente

---

[2] Aldeia ou pequena comunidade rural tradicional formada por grupos de casas, geralmente habitadas por membros da mesma família ou linhagem, e costumam ser organizadas em torno de atividades agrícolas e de subsistência.

[3] Unidade de medida informal usada para comercialização de arroz. O peso da bucha pode variar bastante dependendo da localidade. Em algumas regiões, uma "bucha" pode equivaler a aproximadamente 4 a 5 quilos de arroz, mas essa quantidade pode não ser padronizada em todos os lugares.

[4] Soldados locais recrutados pelo regime colonial português na Guiné-Bissau para auxiliar as forças coloniais na manutenção da ordem e no controle da população local.

que se põe na terra para fazer nascer novas plantas. Claro que pode acontecer algum desastre. Pode, por exemplo, não chover e todas as sementes secarem. Podemos plantar mal e as sementes não nascerem. Perdemos as sementes, não conseguimos nada, e ficamos com fome ainda por cima. Podemos até não fazer bem o nosso trabalho e as pragas, os pássaros e os macacos virem estragar toda a plantação. A resistência de um povo exige coragem para nos transformarmos em sermente para criar uma nova plantação que dará então a felicidade desse povo, na liberdade. Esse é o risco, o chamado risco da resistência. Alguns ficam para trás, mas cada dia mais hão de crescer outros, que vão para a frente. E só podem vencer uma resistência aqueles que forem capazes de fazer a sua obra crescer cada dia mais.

Formas de resistência

A luta de um povo, a resistência de um povo, tem várias formas. Como eu já disse, há muito tempo que começou a nossa resistência. Desde o dia em que passou pela cabeça dos tugas dominar-nos, explorar-nos, a nossa resistência começou na Guiné. Desde o dia em que a situação social em Cabo Verde mostrou claramente que, dependente dos colonialistas portugueses, o povo cabo-verdiano era explorado, humilhado, exportado como animais, morrendo de fome, a resistência começou.

Resistência de cada um, como pudesse. Resistência na emigração: os nossos manjacos que vão para a França, para o Senegal, os nossos balantas que saíram da área de Mansoa, que resistiram primeiro e passaram para o Chão dos Nalús, depois resistiram e passaram para a área de Bofá, Cóia, etc., na República da Guiné. Tudo isso também é resistência, camaradas. Resistência de um ou outro que tem a coragem de dar bofetadas nos sipaios e que depois é espancado até morrer; resistência daqueles que os chefes de posto mandam chamar e fogem. Resistência individual, de todas as maneiras e feitios. Mas outros, uniam-se também para fazerem resistência, na base da raça, na base da "mandjuandade",[5] na base de famílias, ou em outras bases. Só quando em uma terra alguns dos filhos do povo tomam consciência e entendem claro o caminho que se deve seguir para a resistência, então a resistência é definida claramente.

A resistência é uma coisa natural. Toda a força que se exerce sobre uma coisa qualquer, dá lugar a uma resistência, quer dizer, a uma força contrária. E a força contrária da força colonialista e imperialista é o movimento de libertação nacional. Isso só se pode resolver com trabalho político ou, então, em certas condições, pode tomar a forma de luta armada, que é o nosso caso concreto. E então definem-se pouco a pouco, no quadro dessa resistência geral, vários tipos de resistência. É fundamental que cada militante ou responsável, tenha plena consciência desses tipos de resistência. Mas mais importante ainda, é saber por quê é que resistimos, para quê é que fazemos a resistência. Devemos conhecer bem os objetivos da resistência.

A resistência é o seguinte: destruir alguma coisa, para construir outra coisa. Isso é que é resistência. O que é que nós queremos destruir na nossa terra? A dominação colonial dos tugas. Só isso? Não. Ao mesmo tempo, não queremos qualquer outro tipo de dominação colonial na nossa terra, qualquer outro tipo de dominação estrangeira. Queremos que o nosso povo mande em seu destino, através dos seus filhos, na Guiné e em Cabo Verde. Isso é o que queremos em primeiro lugar.

Mas, na base da vida do nosso Partido, queremos destruir toda a possibilidade de que aqueles que libertam a terra, ou outros, venham abusar do nosso povo amanhã. O nosso objetivo não é

---

5 A "mandjuandade" é um conceito importante da cultura guineense que refere-se a uma forma de irmandade ou associação comunitária entre pessoas com vínculos de amizade, solidariedade e ajuda mútua.

destruir os colonialistas portugueses, a sua dominação, para um grupo da nossa gente tomar o seu lugar. O nosso objetivo não pode ser o de ocupar o palácio do governo para fazer na nossa terra o que aquele governador queria fazer. Nem a casa do chefe de posto ou do administrador. O nosso objetivo é destruir o Estado colonial na nossa terra para criarmos um Estado novo, diferente, na base da justiça, do trabalho e da igualdade de oportunidade para todos os filhos da nossa terra, na Guiné e em Cabo Verde.

Queremos, portanto, destruir tudo quanto seja um obstáculo no progresso do nosso povo. Todas as relações que há na nossa sociedade, na Guiné ou em Cabo Verde, que sejam contra o progresso do nosso povo, contra a liberdade do nosso povo. Queremos o seguinte, ao fim e ao cabo: possibilidades concretas e iguais para qualquer filho da nossa terra, homem ou mulher, avançar como ser humano, dar tudo de sua capacidade, desenvolver o seu físico e o seu espírito, para ser um homem ou uma mulher à altura da sua capacidade de fato. Tudo quanto seja contra isso, temos de destruir na nossa terra, camaradas. Passo a passo, um a um, se for preciso, mas temos que destruir para construir uma vida nova. Este é o objetivo principal da nossa resistência.

Todos os abusos, todos os privilégios de grupos ou grupinhos, não podemos aceitar na nossa terra amanhã, se de fato queremos libertar o nosso povo. Não vamos libertar o nosso povo só dos colonialistas tugas, não, mas de tudo quanto o prejudica no caminho do progresso. Temos que destruir a ignorância, a falta de saúde, e toda a espécie de medo, a pouco e pouco, passo a passo.

Se hoje, na nossa terra, na luta, e talvez amanhã ainda durante muito tempo compreendemos que haja pessoas com medo do "polon",[6] por exemplo, ou medo de *chifres*, mais dia, menos dia,

[6] Ser sobrenatural ou espírito que, na cultura popular de Guiné-Bissau, pode ser invocado para realizar tarefas específicas, muitas vezes ligadas a proteção, cura ou até vingança

quando todo o nosso povo souber ler e escrever como deve ser, frequentar a escola e entender bem o que é o medo, o que é a vida, o que é a natureza, compreender bem o que é o "polon", o que é o relâmpago, o que são os raios, o que é a lua, as estrelas, e tudo mais, temos a certeza de que ninguém mais na nossa terra terá medo de chifres, ou medo dos olhos arregalados dos feiticeiros da nossa terra, camaradas.

Quando conseguirmos isso, teremos libertado de verdade o povo da nossa terra. Porque a maior pressão que existe sobre um povo, não é a dos colonialistas, camaradas, não é a falta de trabalho, não, é o *medo*. Um povo que tem medo é um povo escravo. Medo de passar fome, medo de não ter trabalho, medo de doenças, medo de pancadas, medo de ser deportado para S. Tomé, medo de ser preso injustamente. Mas ainda mais, medo de curandeiros, medo dos que tiram as *sortes*, medo da conversa dos mouros,[7] medo do "iran",[8] medo do mato escuro, medo dos raios, medo dos relâmpagos. Desgraçado povo que tem tanto medo, camaradas.

Um povo com tanto medo, mas um povo capaz de pegar em armas para lutar contra os colonialistas, dando-lhes duro em sua terra. Vejam a contradição que existe, camaradas. Isso nos mostra claramente que nós somos capazes de tudo. E o objetivo

---

[7] Figuras míticas ou seres sobrenaturais, comumente associados a poderes mágicos, feitiçaria e riqueza. Eles são retratados como entidades misteriosas que vivem em locais isolados, como florestas ou cavernas, e possuem um grande conhecimento de rituais mágicos e objetos de poder.

[8] Espírito ou entidade sobrenatural profundamente venerado e temido por diversas etnias guineenses, especialmente entre os balantas e os manjacos. É considerado um espírito ancestral ou uma força da natureza, com grande poder de influência sobre o mundo dos vivos. Pode ser tanto benevolente quanto maligno, dependendo de como é tratado pelos humanos.

do nosso Partido é exatamente esse. Desenvolver toda a nossa capacidade. É isso que a nossa resistência está buscando. Eliminar tudo que possa nos impedir de ter capacidade.

Não queremos mais na nossa terra, amanhã, — hoje ainda aceitamos um bocado — que os filhos tenham medo dos pais. Não! Eles devem ter respeito, não medo. Não queremos mais na nossa terra, que se amarrem as crianças para lhes baterem. Isso é diminuir a nossa gente, é limitar a nossa gente, camaradas. Não queremos mais na nossa terra que se amarre ninguém para lhe bater. Os que são bandidos, que não prestam, serão julgados e se for preciso fuzilados, mas não tratados como cães. Não queremos mais na nossa terra que se trate os seres humanos como cães.

E o nosso trabalho é destruir, na nossa resistência, tudo quanto faça da nossa gente cachorros — homens ou mulheres — para deixarmos avançar, crescer, levantar, como as flores na nossa terra, tudo quanto possa fazer da nossa gente, seres humanos de valor. Esse é o nosso trabalho, camaradas. Se não entenderem isso, ainda não entenderam nada.

Por isso é que nos sacrificamos, por isso é que lutamos. Devemos ter consciência do que é que queremos destruir na nossa terra, o que é que queremos construir. Essa é a primeira situação para uma resistência avançar seriamente. Para isso é fundamental termos plena consciência de certos problemas. Por exemplo: Quem somos nós? Quem é o nosso inimigo? Há muito que nós explicamos isso. Mas devemos saber de onde é que saímos, de que ponto é que partimos para esta luta, para esta resistência. Já vos expliquei isso aqui, há dias. O que nós éramos antes da resistência, antes da luta organizada. A situação na nossa terra, política, econômica, cultural, social. E temos que definir claramente de que maneira é que fizemos e fazemos a resistência na nossa terra.

Desenvolvimento da resistência política

A nossa resistência desenvolve-se sob várias formas, camaradas. Primeiro a resistência política, antes e ao fim de tudo: *Resistência Política*. Por isso nós começamos por criar o nosso Partido, um instrumento político. Mas outros tipos de resistência também: resistência econômica, resistência cultural, resistência armada, camaradas, como elemento fundamental da nossa luta, da nossa resistência. Existem pelo menos estes tipos de resistência e temos que os desenvolver cada dia mais. A nossa luta tem sido o desenvolvimento disso, mesmo que nós tenhamos ou não consciência desse fato. Esta tem sido a nossa luta, camaradas.

Por isso mesmo, desde o começo, o programa do nosso Partido definiu claramente, quais eram os objetivos políticos que temos em vista. Lutar, pegar em armas, fazer a greve, é fácil demais, mas não basta lutar com as armas nas mãos. É preciso lutar com consciência política na cabeça. É preciso termos consciência de que é a consciência do homem que guia a arma e não a arma que guia a consciência. A arma vale porque o homem está atrás, agarrado a ela. E vale tanto quanto mais valer a consciência do homem, quanto mais a consciência do homem servir a uma causa justa, bem definida, clara.

Temos que definir claramente a nossa resistência política, porque o inimigo pressiona politicamente para destruir a nossa resistência. Temos que, tanto dentro como fora da nossa terra, definir claramente a nossa resistência política, o que devemos fazer. Há muito que a definimos. Quem não sabe isso, se não sabe, é porque não se interessou em se informar.

A primeira condição para a resistência política, camaradas, é unir as pessoas. Já falamos sobre isso na questão dos princípios do Partido. Já foi definido em grande parte qual é a nossa resistência política. Unir, criar pouco e pouco a consciência nacional, porque nós partimos de um ponto em que não tínhamos uma consciência nacional, em que tanto por conta de nossa História como pelo trabalho dos tugas, estávamos divididos em grupos. Civilizados e indígenas, gente da cidade e gente do mato, balantas, papéis, manjacos e mandingas, etc.[9] O nosso primeiro trabalho é criar em uma certa parcela da nossa gente, a consciência nacional, a ideia da unidade nacional, tanto na Guiné como em Cabo Verde. Por isso mesmo o Programa do nosso Partido foi claro: unidade nacional na Guiné, unidade nacional em Cabo Verde.

Devemos buscar, na resistência política, para servirmos à nossa resistência em geral, unir toda a gente, o mais que pudermos. Mas como já disse, unir sem oportunismos. Negar o oportunismo, porque a nossa resistência, não é resistência para servir a um grupinho ou para fazer chefes, não é a resistência do Cabral que quer que os outros o sirvam. Eu, se quisesse, em 1960, era chefe de todos os movimentos de Dakar, eu poderia uni-los todos atrás de mim. Mesmo o nosso camarada Luiz Cabral, quando saiu e chegou ao Senegal, reuniram-se com ele e puseram-lhe o problema: Deixe o PAIGC, trabalhe conosco e seja nosso chefe. Ele respondeu que não lhe dissessem isso porque ele era do PAIGC. Desde esse dia eles viraram seus inimigos. Até indivíduos que frequentavam sua casa antes, tornaram-se seus inimigos. Porque nós não aceitamos o oportunismo de maneira nenhuma. Negamos o oportunismo, camaradas.

Unidade nacional, sim. Consciência nacional, sim, mas contra todos os traidores, contra todos os oportunistas, contra todos os

---

[9] Algumas das principais etnias que compõem a população guineense. Os Balantas, formam a maior parte da população (30%) e são agricultores e criadores de gado; os Fulas (20%) e os Mandingas (13%), são ambos muçulmanos e tradicionalmente pastores e comerciantes; os Manjacos (14%) e os Papéis (7%), agricultores e pescadores; e os Bijagós (2%), com uma cultura insular matriarcal.

imorais. Não podemos fazer a unidade nacional com ladrões, com mentirosos, com bandidos. Fazemos a unidade nacional, com um objetivo certo: combater o inimigo, lutar contra o inimigo, mas também ao mesmo tempo lutar contra todos os fatores negativos do nosso meio. Este é um aspecto fundamental da nossa resistência política, que os camaradas têm que entender a fundo para poderem orientar o seu trabalho, quer como militantes quer como responsáveis.

Temos que estar vigilantes para não permitirmos a ninguém dividir o povo. Temos que definir claramente como vos disse, o que é o povo, na fase atual da nossa História. Eu repito: povo é todo o filho da nossa terra, na Guiné e Cabo Verde, que quer expulsar os colonialistas portugueses, mais nada. Ele quer, ele é o nosso povo, e nós não queremos que ninguém divida-o. Vigilância! Porque quem divide o povo, é um inimigo pior que o tuga, que certamente vai embora.

Na nossa resistência política, temos que elevar cada vez mais a consciência de cada militante engajado na luta ou no Partido. Exigir de cada um a superação do seu próprio trabalho e dos próprios conhecimentos. Só assim é que podemos fazer de cada valor da nossa terra, um valor ainda maior, homens ou mulheres.

Temos que lutar para aplicarmos os princípios que estabelecemos e de que falamos aqui, para toda a gente ter possibilidade de avançar, homens ou mulheres. Quem se recusar a isso, está traindo, sabotando a nossa resistência política. E temos que organizar, organizar. Por isso é que o nosso Partido, desde o início, começou a organizar-se logo, primeiro clandestinamente, em grupos de três, em células, nas cidades e depois no mato em pequenos grupos. Lá onde era possível fazê-los às claras, era às claras, onde era necessário se esconder, escondidos. Depois, tabancas organizadas e, pouco a pouco, avançamos: Comitês do Partido, Comitês de Zona, Comitês Regionais e Comitês Inter-regionais.

Pouco a pouco transformamos a Direção do nosso Partido, organizando-a cada vez melhor, de acordo com a realidade da luta, para podermos melhorar a nossa resistência política. E a cada dia, a cada hora, procuramos deixar claro o porquê da nossa luta, o que é que queremos, para que cada um avance, sabendo bem o que é que está fazendo, e para o quê está fazendo. Essa é a base necessária para podermos resistir politicamente às manobras do inimigo, à sua propaganda, para podermos fazer avançar a nossa resistência política, camaradas, que é a resistência fundamental, no quadro da nossa resistência geral.

Já dissemos muitas vezes, que devemos esclarecer as massas da nossa terra diariamente, contar-lhes a verdade acima de tudo, nunca dizer mentiras, não enganar ninguém. Nós não temos necessidade disso. Na medida em que enganarmos, em que mentirmos, estamos estragando a nossa resistência política. Se há dificuldades, devemos dizê-lo claramente. Se ganharmos, devemos dizê-lo claramente. Se perdermos, devemos dizê-lo claramente. Porque em todas as lutas não há só vitórias. Se houver só vitórias, não é luta nenhuma. Há vitórias e derrotas, dificuldades, desespero às vezes, mas vamos sempre para a frente. Temos que procurar, esclarecendo as massas da nossa terra, mostrando-lhe claramente qual é a intenção do inimigo, não deixar o inimigo iludi-las. É um trabalho fundamental para nós, camaradas, e que infelizmente alguns têm esquecido.

No quadro da situação concreta da nossa luta, no quadro da realização da unidade nacional na Guiné, devemos fazer mais esforços para conquistar os nossos irmãos que alguns chefes desviaram da nossa luta, sobretudo entre os fulas e entre alguns manjacos. Por isso, e para isso, o nosso Partido estabeleceu toda uma política e distinguiu a população de seus chefes. Trata bem a população, procura ao máximo não lhe fazer mal. Por isso mesmo, quando começamos a luta no Gabú, no início de 1965, demos ordens ao nosso comando para, durante um mês, não dar um só tiro contra a gente da nossa terra que, enganada pelos tugas, tinha pegado em armas contra nós. Falamos, conversamos, e alguns camaradas até morreram sem terem dado um único tiro. O camarada Lúcio pode nos falar disso, ele viu. Para podermos conquistar, para reforçarmos a nossa resistência política, para melhorarmos a nossa unidade no quadro da nossa ação.

Em Cabo Verde, embora saibamos que a nossa luta é para servir fundamentalmente àqueles que estão sofrendo, que não têm terra para lavrar, que não têm emprego, que são contratados para irem morrer em S. Tomé; que a nossa luta é para aquelas mães que carregam sacos no cais de S. Vicente, que morrem de fome ao lado dos seus filhos, nos tempos de crise; embora nós saibamos de tudo isso, demos ordens para que se conseguisse o máximo de gente para a nossa luta. Mesmo aqueles que estão ao lado dos tugas. Aos filhos de Cabo Verde, bem empregados, vivendo bem, lhes dissemos: a terra é de vocês, juntem-se a nós para avançarmos. Porque o primeiro passo da resistência política é juntar o máximo de gente possível para a luta.

Na Guiné é a mesma coisa. A nossa luta na Guiné, não é para mim, do ponto de vista material, para melhorar de vida. Se alguma vez na minha vida, voltar a ter na nossa terra, na Guiné ou em Cabo Verde, a vida que eu tinha antes... E mesmo se os dirigentes da nossa terra amanhã, na Guiné ou em Cabo Verde, viverem tão bem como eu vivia em Portugal, isso indicará que o nosso país é muito rico. Devemos estar vigilantes, para não deixarmos os nossos dirigentes viverem assim, porque é uma vida demasiado boa, para um país pobre que ainda tem muito trabalho pela frente. A nossa luta na Guiné é para a nossa gente do mato, em primeiro lugar, gente que viveu durante séculos e séculos dentro de uma tabanca, sem conhecer nada além de 5 quilômetros da sua casa, gente que não sabe o que é uma escola, o que é um medicamento para curar as doenças que lhe enchem o corpo.

A nossa resistência na Guiné é para acabar com todos os abusos, contra aqueles que abusam, tanto no mato como nas cidades. Para os filhos da nossa terra conhecerem a sua profissão como deve ser e para nenhum estrangeiro dirigir a nossa terra. Mas sabendo disso, ou apesar disso, procuramos juntar todos conosco, gente de todas as categorias sociais. Ainda hoje eu disse a vocês, mesmo ao James Pinto Bull, lhe disse que deixasse os tugas e viesse conosco. Assim como em relação a Cabo Verde, eu disse claramente ao Júlio Monteiro, ao Aguinaldo Veiga, ao Antero Barros e tantos outros, que largassem os tugas, que viessem conosco, que a terra também é deles. Não somos só nós que temos o direito e o dever de lutar pela nossa terra, ela chega para todos nós. Esse é o caminho da resistência política, de quem de fato quer lutar ou pegar no duro, para servir o seu povo, não para servir a sua própria barriga.

No quadro da resistência política em nossa terra, devemos fazer tudo para que todas as forças venham para a resistência política. O nosso Partido fez muito. Talvez devesse ou pudesse fazer mais, mas fez muito. E as vitórias da nossa luta, os sucessos da nossa luta, a continuidade da nossa luta, as perspectivas de hoje da nossa luta, nos mostram que o nosso Partido alcançou grandes vitórias nesse sentido, embora ainda haja traidores e cachorros dos tugas em nossa terra. Embora ainda haja em nosso meio gente que, talvez amanhã, passe para o lado dos tugas, porque suas ambições, suas manias, suas vaidades, seus vícios, não lhes permitem aguentar as exigências, os rigores do trabalho do nosso Partido.

Resistência política no plano exterior

No plano exterior a resistência política também deve ser grande. O nosso objetivo principal, em nossas condições no plano exterior, é conseguir apoio político de toda a gente, para reforçarmos a nossa resistência política.

O nosso Partido trabalhou, lutou muito, para conseguir esse apoio político, tanto em África como no restante do mundo. Desde 1960, nós, da Guiné e Cabo Verde, tivemos sorte, porque eu mesmo que indicado pelos votos de todos os camaradas das colônias portuguesas que estavam conosco, para começar a denunciar o colonialismo português no mundo. E foi em Fevereiro de 1960 que fizemos a primeira coletiva de imprensa no plano internacional, em Londres, desmascarando o colonialismo português, e que escrevemos o primeiro panfleto contra o colonialismo lusitano, escrito por um dos filhos das colônias portuguesas. Foi publicado em inglês na Inglaterra, sob o nome de Abel Djassi.[10] Lá, a nossa resistência política no plano internacional, no plano exterior, começou a tomar forma, ainda no quadro das colônias portuguesas, mas marchando aos poucos para o quadro da Guiné e Cabo Verde, no quadro do nosso Partido, portanto.

O objetivo principal da resistência política no plano exterior, é o de conquistar aliados, conquistar apoio político e isolar o inimigo politicamente. Por isso, a partir de 1960 nós começamos, enquanto preparávamos a nossa gente para a luta armada, a frequentar conferências, reuniões internacionais, pautando o problema, lutando para que fôssemos ouvidos, multiplicando nossas ações, procurando todo o apoio necessário e buscando isolar mundialmente o inimigo.

Isolar o inimigo

Outro problema é procurar isolar o inimigo mesmo em relação ao seu povo. Assim, desde o começo, no quadro da nossa resistência política, nós deixamos claro que não lutamos contra o povo

---

[10] Pseudônimo utilizado por Amílcar Cabral.

português. Toda a gente do nosso Partido sabe disso. Nós não lutamos contra o povo português, nem contra os portugueses, nós lutamos contra o colonialismo português, contra os colonialistas portugueses. Estamos lutando para tirar os colonialistas portugueses da nossa terra. Mas fomos ainda mais claros: é que nós, da Guiné e Cabo Verde, PAIGC, nós não lutamos nem contra o Salazarismo ou o fascismo em Portugal. Esse é trabalho dos portugueses, não é nosso. Esse é um ponto importante para isolarmos os tugas do seu próprio povo.

Dentro da Guiné conseguimos isolá-los um bocado. Vimos que, se no começo de 1959, mesmo na greve de Agosto, no Massacre de Pidjiguiti,[11] alguns civis pegaram em armas contra nós, já na guerra os civis portugueses não querem pegar em armas. Vários civis se puseram do nosso lado. É um sucesso do nosso Partido, e eles sabem bem que não estamos contra eles. Isso é que é isolar o inimigo do seu próprio povo, da sua própria gente.

E em Portugal, hoje, dia a dia, cada vez mais se levanta uma opinião favorável ao PAIGC, camaradas. Há um respeito grande em Portugal, pelo nosso Partido, vocês nem imaginam. Mais respeito de alguns tugas em Portugal pelo Partido, que de alguns alguns de vocês sentados aqui, talvez. Vocês me desculpem, mas é verdade. E cada dia se levanta mais a opinião contra a guerra colonial na nossa terra, porque o nosso Partido tem conseguido

[11] O Massacre de Pidjiguiti ocorreu em 3 de agosto de 1959, na cidade de Bissau, quando forças coloniais portuguesas abriram fogo contra trabalhadores que estavam em greve por melhores condições de trabalho no porto de Pidjiguiti. O massacre resultou em dezenas de mortos e muitos feridos, desencadeando uma onda de revolta e protestos contra a opressão colonial em todo o país. Esse evento é considerado um marco na luta pela independência da Guiné-Bissau, pois galvanizou a resistência anticolonial e levou à formação de movimentos de libertação, como o PAIGC.

trabalhar nesse aspecto da resistência política, que é isolar o inimigo, distingui-lo do seu povo, isolá-lo em relação ao seu povo.

Podia ser melhor, mas o tempo não é suficiente para que todas as coisas sejam muito boas. Defendemos a nossa posição em relação ao povo português, instruímos todos os camaradas em relação a isso. Dissemos à nossa gente abertamente, aos nossos militantes, desde o começo da preparação da luta, qual era a posição do nosso Partido, da nossa resistência, em relação ao povo português. Definimos a maneira de tratar os prisioneiros de guerra, de tratar os desertores, para conquistarmos cada vez mais o povo português, isolando-o dos nossos inimigos que são os colonialistas portugueses. E hoje sabemos que a maior propaganda que já se fez do nosso Partido, da nossa luta, da nossa resistência, foi feita por desertores portugueses, até por prisioneiros portugueses. Essa é uma das grandes vitórias da nossa luta. Houve mesmo desertores portugueses, que depois de os mandarmos embora, nos escreveram pedindo para aceitarmos naturalizá-los como filhos da nossa terra, porque eles querem viver trabalhando para o PAIGC. Isso mostra quanto sucesso nós tivemos nesse trabalho. Desde o começo da luta, com documentos que talvez os camaradas conheçam, nós nos dirigimos aos colonos da nossa terra, dizendo-lhes claramente: "Vocês são a roda do velho carro colonialista que quer continuar a explorar o nosso povo". Mesmo esses têm lugar na nossa terra, se quiserem. Queremos fazer uma terra onde todo o homem, de qualquer parte do mundo, desde que respeite o direito do nosso povo de mandar em si mesmo, pode viver, trabalhar e viver como deve ser. Essa foi a primeira razão que desmobilizou muitos civis tugas, colonos tugas, para negarem o caminho dos colonialistas.

E chegou a um tal ponto, que por volta de 1964, se as autoridades aceitassem, eles teriam ido todos embora. Mas no quadro da nossa luta, embora armada e para respeitar o próprio tipo da nossa resistência política, nós negamos toda a espécie de abusos com os soldados portugueses. Se algum dos nossos camaradas cometeu alguma vez crimes como aqueles que os próprios tugas cometem contra nós, ele não obedeceu às ordens do Partido.

No começo da nossa luta, houve camaradas que, no quadro geral do tipo da nossa luta, nos sugeriram fazer certas atrocidades. Mas nos recusamos a isso. Na nossa luta não há dessas coisas que se passaram em outras terras em África, quaisquer que fossem as razões dos africanos: matar mulheres, matar crianças brancas, só porque são brancas. Nós nos recusamos a isso de uma vez por todas. Por que? Porque queremos fazer uma resistência política para servir o nosso povo, não queremos que o nosso povo seja sanguinário, não queremos que o nosso povo faça sangue só por fazer sangue. Fazer sangue, mas fazendo política, servindo ao futuro da nossa terra.

Cada um que matamos é porque tem armas nas mãos contra nós, contra os direitos do nosso povo. Demos ordem para que cada um que pegou em armas e a largou, não seja mais considerado inimigo: é um ser humano que devemos tratar bem. Felizmente os nossos camaradas têm sabido respeitar isso, como deve ser. E se um ou outro não respeita, está sabotando o trabalho do nosso Partido, a nossa resistência política.

Trabalhar para a união dos movimentos das colônias portuguesas

No quadro da nossa resistência política é muito importante o nosso trabalho com os povos de outras colônias portuguesas. Já dissemos que, dos movimentos das colônias portuguesas, não há nenhum que se preocupasse tanto com isso como o nosso Partido. Desde o começo pusemos sempre esse problema: nós somos um só, lutemos juntos, porque o inimigo é um só. Houve altos e baixos nos outros movimentos em relação ao nosso conjunto, houve traições em outros movimentos, mas o PAIGC foi sempre fiel à solidariedade incondicional com movimentos de outras colônias portuguesas, camaradas. Houve até camaradas do nosso Partido que nos puseram o problema: mas como, só nós é que mantemos a CONCP?[12] Nós respondemos que deveríamos manter porque era do nosso interesse, não apenas dos outros, mas nosso também. Foi preciso sacrificar quadros que foram trabalhar para a CONCP, enquanto outros não mandaram nenhum. Da mesma forma, defendemos contra tudo e todos a necessidade de juntar todos os estudantes das colônias portuguesas numa organização (UGEAN).[13] Felizmente os nossos camaradas, disciplinados, entenderam bem isso.

Somente nos negamos a uma coisa: não nos juntarmos com movimentos falsos das colônias portuguesas. Nós não nos juntamos com movimentos que não avançam e se entregam aos imperialistas, porque não queremos um novo tipo de dominação da nossa terra. Nos juntamos com aqueles que a nossa análise mostrou que são puros e têm a intenção de lutar como deve ser, e até hoje não podemos nos arrepender disso. Isso, camaradas, é um dos elementos essenciais da nossa resistência política, a nossa unidade, a nossa camaradagem, a nossa colaboração, a nossa ligação íntima com os movimentos de libertação em Angola, Moçambique e S. Tomé.

---

[12] A Conferência das Organizações Nacionalistas das Colônias Portuguesas, foi uma aliança formada em 1961 que reunia diversos movimentos de libertação das colônias portuguesas, incluindo Guiné-Bissau, Angola, Moçambique, Cabo Verde e São Tomé e Príncipe. A CONCP tinha como objetivo coordenar as ações e estratégias dos movimentos anticoloniais e fortalecer a luta pela independência contra o colonialismo português.

[13] União Geral dos Estudantes da África Negra, foi uma organização estudantil criada em 1962 na Guiné-Bissau, destinada a unir e mobilizar estudantes africanos na luta contra o colonialismo português e pela independência das colônias africanas.

Nós mesmos, como PAIGC trabalhamos muito para a unidade dos movimentos em Moçambique, para a criação da FRELIMO.[14] Mas nós mesmos, PAIGC, ajudamos a formar o MPLA[15] em Angola. Não é nenhuma vaidade, não, é sabido publicamente, os filhos de Angola sabem. Para servir os interesses do nosso povo, camaradas, nós mesmos corremos riscos em Angola, em reuniões clandestinas. No momento em que vários angolanos já estavam presos pela PIDE,[16] foi preciso ir a Angola fazer reuniões. Arranjamos um contrato como agrónomo, fomos para Angola e aproveitamos para reunir camaradas, para discutir com eles o novo caminho que devíamos seguir todos, na luta pelas nossas terras sob o controle da PIDE, camaradas. E depois de outros trabalhos que já tínhamos feito em Angola. Para quê? Para servir o povo da Guiné e Cabo Verde, camaradas. Nós não tínhamos o desejo de servir o povo de Angola, porque os filhos de Angola servem bem a si próprios, embora para nós, na nossa consciência de homens, tanto fazia servir em Angola, como servir em Moçambique, como servir na Guiné ou Cabo Verde. E só é verdadeiramente um membro consciente do nosso Partido aquele que é capaz de servir em qualquer terra combatendo o mesmo inimigo. Sempre defendemos com a maior força a necessidade de união entre nós, movimentos das colônias portuguesas. E felizmente, depois de todas as dificuldades, de todos os problemas, hoje estamos todos de acordo

[14] Frente de Libertação de Moçambique.

[15] Movimento Popular de Libertação de Angola.

[16] A Polícia Internacional e de Defesa do Estado foi a polícia secreta do regime do Estado Novo em Portugal, responsável pela repressão política e pela vigilância durante o período do colonialismo português na África e na própria metrópole. Criada em 1945, a PIDE tinha como objetivo combater o comunismo, a oposição política e qualquer forma de contestação ao regime ditatorial de Salazar.

e isso é muito importante. Mais uma vitória grande contra o colonialismo português, camaradas.

E nós nos preparamos juntos para realizar aquele sonho do nosso Partido, que é por todos os estudantes das colônias portuguesas em uma só organização. Isso será uma outra grande vitória no plano da nossa resistência política, porque também no meio dos estudantes os inimigos do nosso povo, de hoje ou de amanhã, procuram conquistar gente para atrapalhar a vida do nosso povo.

No quadro da nossa resistência política fora da nossa terra, reforçamos cada dia mais, desenvolvemos e reforçamos as nossas relações com a África. Em primeiro lugar, lutemos com grande coragem em Conakry, por exemplo, para conquistarmos a amizade, a estima e a solidariedade da República da Guiné. Esse foi um aspecto fundamental da nossa resistência política, camaradas. E essa conquista foi, talvez, naquela fase da nossa luta, a maior vitória do nosso Partido, mais transcendente, quer dizer, com mais consequências, para além do que muitos podem imaginar. Fizemos esforços e tivemos paciência, determinação, paciência e persistência, para conquistar o povo do Senegal, apesar de toda a resistência do Senegal, apesar de toda a negação do Senegal, apesar do Senegal ter criado "movimentos" contra o nosso Partido. E depois de tantos anos de trabalho, chegamos a um acordo com o Governo do Senegal. Grande vitória no quadro da nossa resistência política e que temos que reforçar cada dia mais. Já há um nível diferente, porque hoje a situação é distinta.

Reforçar a amizade com os Estados e os movimentos africanos

Temos procurado, no quadro da África, na medida das nossas possibilidades, claro, na medida em que temos tempo e os nossos quadros possam, reforçar a amizade com outros Estados africanos independentes. Conquistamos a amizade profunda de alguns chefes de Estado da África pelo nosso Partido. Não podemos esquecer a amizade profunda que nos liga à Argélia, à República Árabe Unida, com a Tanzânia, com o Congo Brazzaville, para citar alguns. Procuramos desenvolver amizades com a Costa do Marfim, com a Tunísia, e o nosso Partido está decidido ainda a avançar mais nesse campo, com todos os Estados independentes da África. Esse é um trabalho importante para a nossa resistência política.

E nós conseguimos, através do nosso valor, do nosso trabalho, das vitórias da nossa resistência e trabalho, conquistar os povos da África inteira no quadro da OUA[17] e nos impor, quer dizer, o nosso Partido, o nosso povo, como primeiro movimento de libertação da África. Grande vitória no plano político, camaradas, no plano da nossa resistência política. E trabalhamos sempre para reforçar a nossa amizade e a nossa colaboração, com todos os outros movimentos de libertação da África. Unidade grande, confiança grande, com os movimentos da África do Sul, que lutam contra o racismo colonialista. Movimentos da Rodésia, do Sudoeste Africano, e, antes de serem independentes, da Zâmbia e do Quênia. Trabalho de persistência para fazermos amizade com eles, mas sempre conscientes, sem oportunismo, sabendo escolher com quem devemos ter amizades. Porque quem não sabe escolher suas amizades como deve ser, baseado em um critério, em um princípio que se respeita, escolhe companheiros de malandragem e não amigos.

---

[17] A Organização da Unidade Africana foi uma organização intergovernamental fundada em 25 de maio de 1963, em Addis Ababa, Etiópia, com o objetivo de promover a unidade e a solidariedade entre os países africanos, além de trabalhar pela descolonização e independência do continente.

Conquistar a confiança das forças progressistas e principalmente da comunidade socialista

E no nosso Partido, uma das melhores vitórias da nossa resistência política, foi, através de um trabalho intenso de vários anos, mostrar o valor da nossa luta às forças progressistas do mundo inteiro, principalmente à comunidade socialista. Mostrar a elas o valor do nosso trabalho, a seriedade do nosso Partido, enquanto conquistávamos sua confiança, sua consideração e mais, sua admiração, a ponto de serem, a partir daquela consciência política, a partir das vitórias que tivemos na nossa resistência política, grandes amigos, que ajudam a nossa luta.

Mesmo em relação aos países aliados de Portugal, o nosso Partido tem sabido fazer resistência política. Nós nunca saímos pelo mundo fora dizendo que estamos combatendo todos os países capitalistas. Nunca fizemos isso. Nós combatemos o colonialismo português, esse que é o nosso trabalho.

Deixamos claro o problema, tanto aos americanos, como aos alemães, ingleses, aos franceses. Lhes dissemos que não é contra eles que lutamos, é contra o colonialismo português. E se conseguimos pouco ou nada deles, a culpa não é do nosso Partido. Não, a culpa é deles mesmos, porque têm seus compromissos com os colonialistas portugueses; porque têm seus interesses imperialistas, que são maiores que os interesses humanos que poderiam ter pela nossa luta.

Mas mesmo assim, temos conseguido vitórias. Algumas vezes já vimos países ocidentais absterem-se, não votarem contra e nem a favor de Portugal. Isso já é uma grande vitória para nós, camaradas. Grande vitória. Conseguimos, por exemplo, ir a alguns países e fazer conferências de imprensa, expor nossos problemas, e conseguimos, sobretudo, o apoio das forças anticolonialistas desses países. Isso é importante, camaradas. Tanto na América, como na Inglaterra, na Itália, na França, etc., as forças progressistas de fato têm uma grande admiração pelo PAIGC, camaradas. Só quem não conhece as nossas relações e toda a correspondência que recebemos, não sabe disso.

Mas ultimamente tivemos uma grande vitória. Um país ocidental que tem tratado com Portugal, no quadro do comércio, se colocou inteiramente do nosso lado: a Suécia. E hoje nos ajuda, com força. E este ano vamos começar a receber essa ajuda, não em dinheiro, mas em mercadorias, em medicamentos, em artigos escolares para ajudar o nosso povo no plano econômico e no plano cultural. Camaradas, isso é uma vitória para nós e a abertura de uma grande brecha nas alianças de Portugal. Portugal colonialista está tão consciente disso, que ficou furioso.

A União Soviética nos ajudou, mas Portugal não ficou tão furioso. Protestou, mas não muito, porque ele sabia que não podia ser de outra maneira. Com a China, com Cuba, aconteceu o mesmo. Portugal tem relações diplomáticas com Cuba, mas não as cortou. Sabe que recebemos armas de Cuba, e outras coisas. Sabe que há médicos cubanos que nos ajudam, sabe muito bem de tudo isso. Não é agora, que eles capturaram um cubano, que ficaram sabendo. Mas não fizeram muito barulho, não ficaram tão furiosos como ficaram com a Suécia.

A Suécia acabou de dizer que nos ajuda, e os tugas ficaram logo furiosos, chamaram seu embaixador, cortaram as relações comerciais, puseram gente na rua se manifestando, impediram os trabalhadores do porto de descarregar os barcos suecos. Porque sabem a força que isso representa para nós. Sabem que isso é uma brecha em suas alianças ocidentais. Eles sabem que isso pode ser um modelo para as forças progressistas, por exemplo, da América, da Inglaterra, da França. Que podem levantar-se e decidir pedir aos seus governantes para ajudar os movimentos de libertação da África. Eles têm medo desse precedente, camaradas. Isso pode dar uma dimensão da grande vitória que realizamos este ano no nosso Partido, no trabalho da nossa resistência política no plano internacional.

Em resumo, camaradas, a nossa resistência política deve se orientar nestes três pontos fundamentais: realizar a união nacional na nossa terra e colocá-la inteiramente a serviço da nossa luta, a serviço do nosso povo, sob a bandeira do nosso Partido; isolar o inimigo cada vez mais de todos os seus aliados, de todos os seus companheiros, de todos aqueles que podem lhe dar algum apoio no mundo e conquistar cada dia mais aliados, mais apoio para a nossa luta, sem trair nossos princípios. E orientar a luta de tal maneira, trabalhar tão bem, que nunca devemos esquecer que a nossa luta é fundamentalmente política, e que temos que assegurar a vitória da nossa resistência política.

RESISTÊNCIA ECONÔMICA

Ontem, na nossa sessão da tarde, tratamos da nossa resistência como resposta à dominação colonial portuguesa na Guiné e Cabo Verde e mostramos aos camaradas o que isso quer dizer, quais os aspectos principais da nossa resistência e como é que, desde o começo da luta até hoje, o Partido tem seguido uma linha certa para responder à necessidade da resistência de acordo com a situação concreta da nossa terra.

Falamos ontem sobre a resistência política, e vimos que, além dela, há a resistência econômica, a resistência cultural e a resistência armada. Todas estas existem em nossa terra desde que começamos a nossa luta, cada dia mais desenvolvida; mesmo que muitos dos nossos camaradas não tenham consciência disso.

Hoje vamos falar um pouco sobre um outro aspecto importante de resistência, que é a resistência econômica.

Como os camaradas sabem, a nossa luta é uma luta política, porque nós procuramos conquistar os nossos direitos de povo que deve ser livre e soberano. Quer dizer, que manda em si mesmo, conquistar a independência nacional da nossa terra. Mas no fundo dessa verdade há uma outra: O colonialismo é, antes de tudo, uma dominação econômica. Colonialismo ou dominação imperialista é buscar, em primeiro lugar, dominar outros povos economicamente. Para isso ele acrescenta uma dominação política, ele prolonga as forças do Estado imperialista, ou colonial, para a terra que quer dominar economicamente. Por isso mesmo devemos dizer que o primeiro objetivo, no fundo, da nossa resistência e da nossa luta é libertar a nossa terra economicamente, embora antes tenhamos que passar pela libertação política.

Quer dizer, uma terra só é libertada de verdade, se se conseguir tirar toda a dominação estrangeira sobre a economia do país. Se conseguirmos de fato libertar a economia do país de toda a exploração estrangeira, esta é, de fato, a liberdade de uma terra que era dominada por colonialistas. Isso quer dizer que cada terra tem suas riquezas naturais e sua população, que é a maior riqueza de uma terra. A população, na medida em que desenvolve sua capacidade de trabalho, de produção, das suas riquezas naturais já reais ou em potência, e os meios para produzir. Tudo isso, na época dos colonialistas ou da dominação imperialista, está submetido a esse domínio, não está livre, não se desenvolve livremente. Conquistar a independência de fato é poder desenvolver livremente aquele conjunto de coisas chamadas forças *produtivas* de uma terra. Portanto, vocês vêem que, no fundo, a nossa resistência é para resolver um problema econômico, embora tenha que passar pelo político, que é sempre muito importante. Esta é a grande importância da nossa resistência econômica.

Toda a luta, como eu vos disse, e principalmente a nossa luta de libertação, tem dois aspectos que devem estar sempre juntos: destruir e construir. Na resistência política, vimos isso claramente: temos que destruir o Estado português; temos que destruir as ideias políticas que os tugas colonialistas puseram na cabeça da nossa gente; temos que, mais longe ainda, destruir as concepções políticas erradas (ou ultrapassá-las já) que possam existir na cabeça da nossa gente, da nossa população, nas classes da nossa terra, nos grupos étnicos da nossa terra, e que podem ser prejudiciais para o avanço do nosso povo no caminho do progresso.

Temos que construir um Estado novo na nossa terra, baseado na liberdade do nosso povo, na democracia, no trabalho para o progresso. Temos que construir a consciência nacional do nosso povo, desenvolver cada dia mais a consciência política da nossa população, temos que construir todos os meios políticos, organismos políticos, organizações políticas necessárias, para defender a conquista da nossa libertação nacional.

Destruição da exploração do nosso povo

A resistência econômica também é destruir, construir. O nosso objetivo na resistência econômica, é destruir a exploração do nosso povo pelos colonialistas portugueses. Quer dizer, a nossa luta desde o começo tinha que ser orientada no caminho de parar completamente com a exploração da nossa terra pelo regime colonial português. Sabemos que na nossa terra a exploração fazia-se principalmente através da compra quase forçada dos produtos da agricultura do nosso povo na Guiné a preços estabelecidos por comerciantes do Estado colonialista. Principalmente através da obrigação de cultivar a mancarra[18] na nossa terra, que era comprada por um preço estabelecido pelos tugas, explorando o nosso povo, a ponto de que se fizermos cálculos econômicos sérios em relação a esse cultivo, chegamos à conclusão de que é trabalho forçado. Porque uma família que cultiva um campo qualquer de mancarra, que a colhe e vende, o dinheiro que recebe no fim, não é o suficiente para pagar um salário, mesmo baixo, às pessoas da família durante um ano de trabalho. Quer dizer, chegamos à conclusão, por exemplo, de que a nossa gente trabalhava de graça para a casa Gouvêa, Ultramarina e outros comerciantes que compravam mancarra, porque o dinheiro que ganhava com isso, é certo que era suficiente para pagar o imposto de família, para arranjar uns panos para a mulher, para comprar uma coisinha ou outra, mas se fizessem as contas como deve ser, vemos que, na exploração agrícola, isso não paga o custo do cultivo, incluindo salários

[18] Nome guineense para o amendoim.

e outras despesas necessárias. Ora, isto é o que nós queremos destruir. Tínhamos que destruir isso, tínhamos que destruir essas relações de exploração econômica dos colonialistas sobre o nosso povo. E tínhamos também que destruir outras bases de exploração econômica, embora tenha tomado ares de Administrativo, que é, por exemplo, o pagamento de impostos injustos e de vários tipos de taxas pelo nosso povo ao Estado colonial português.

Em Cabo Verde o nosso objetivo é destruir, principalmente, a exploração pelo regime de grandes propriedades que não dá terras ao nosso povo. O nosso povo tem que ser arrendatário e precisa pagar a renda, quer ele produza ou não, vivendo na miséria, submetido à fome e sujeito a ser até vendido ou contratado como trabalhador forçado para outras colônias. Devemos destruir isso.

Na Guiné já conseguimos destruir muito. Há poucos dias, por exemplo, a Rádio Bissau anunciou a chegada ao porto de um navio grego carregando 3 mil toneladas de arroz. Vemos nisso, portanto, um pouco da destruição do regime colonial, porque, como sabemos, a nossa gente era praticamente forçada a vender o arroz produzido pelo nosso povo à Ultramarina, para ser descascado e vendido à população. Mas os tugas, agora, têm que importar arroz. No ano passado importaram mais de 10 mil toneladas de arroz só do Brasil e este ano já receberam mais 3 mil. E quem segue a estatística oficial vê que a exportação da mancarra baixou muito. Hoje, praticamente, não há exportação em nossa terra. Os barcos vêm com material de guerra, ou com víveres para a tropa ou com mercadorias para as cidades, e regressam quase vazios. Regressam principalmente com sucatas de caminhões, e outros materiais que os nossos combatentes destroem.

Destruímos, portanto, em grande parte já, e temos que destruir tudo, completamente, o sistema econômico colonial português na nossa terra. Para construirmos o quê? Temos que começar a construir a nossa própria economia desde já. E começamos de alguns anos para cá, porque lutar é muito bom no plano político e no plano militar, mas um povo não pode lutar seriamente se não tiver a barriga farta e boa saúde. Isso também é uma forma de resistência. Resistir de fato, sem comida e sem saúde, é impossível. Por isso mesmo temos que desenvolver a nossa economia, buscar a melhor maneira de fazê-la avançar, mesmo durante a luta, garantir o mínimo de condições para podermos garantir ao nosso povo meios de vida, meios de vida para os nossos combatentes e temos que nos esforçar de verdade para melhorar pouco a pouco as condições do nosso povo, para ele sentir que de fato vale a pena se sacrificar na luta pela independência da nossa terra, sob a bandeira do nosso Partido.

Na medida em que o nosso Partido for capaz, em que nós militantes, responsáveis, combatentes, dirigentes, formos capazes de melhorar pouco a pouco as condições de vida na nossa terra, de mostrar claramente que a miséria pode acabar, e, sobretudo convencer cada um em sua consciência de que hoje há miséria na nossa terra mas que amanhã ela pode acabar — e que isso depende do nosso próprio trabalho — estaremos avançando na nossa luta. Porque aquele que fia hoje, embora não tenha quase nada, que, se trabalhar bem, amanhã terá, esse já não é um miserável, é rico, porque fia e sabe que o caminho está aberto. Temos que fazer isso ao máximo, porque nós sabemos que cada homem que está em situação de miséria, é uma presa fácil, é muito fácil ser apanhado pelo inimigo contra o interesse do nosso povo. Basta lembrarmos, por exemplo, que se fizermos a seguinte reflexão: que gente mais serve aos tugas em nossa terra? Entre aqueles que têm meios e os que não têm, onde é que há mais servidores dos tugas? Vemos que é entre aqueles que têm menos. Em Bissau mesmo, vemos que é entre os desempregados, vadios, etc., que os tugas recrutaram muitos de seus agentes para a PIDE.

Diante da nossa necessidade de resistência econômica, temos que perguntar: o que o inimigo faz para destruir a nossa resistência econômica? O inimigo não luta contra nós só com armas, mas também nos combate economicamente. Por um lado, nos locais onde ele ainda manda, empreende uma grande luta para o desenvolvimento econômico, dizendo que a vida vai melhorar, dando emprego às pessoas para ver se isso de fato acontece, procurando fazer bolanhas,[19] arranjar mercadorias etc. Por exemplo, toda a gente sabe, em Cabo Verde, as mercadorias e coisas boas que chegam lá agora, mais do que nunca. Isso é para evitar que continue aquela carestia que costuma causar revoltas. Mesmo na Guiné, hoje, várias coisas que os tugas compravam de nós, como por exemplo o arroz, compram agora por preços muito mais elevados. Fazem isso para liquidar a nossa resistência econômica. Propagandeiam que estão fazendo grandes bolanhas na área de Tite. A Ilha de Bissau está quase toda transformada em bolanhas. Estão buscando a melhor maneira, portanto, de levantar economicamente os lugares em que ainda mandam para garantir às pessoas que a vida está melhorando e que não é preciso juntar-se àqueles que lutam.

Por outro lado, o tuga faz força para destruir completamente a economia que serve de base para a nossa luta. Bombardeios, *napalm*, ataques com helicópteros para aterrorizar a população, para que ela abandone nosso país e vá para o Senegal ou para a República da Guiné. Para os tugas é melhor, porque assim essa população não trabalha em nossas áreas libertadas, para nos dar aqueles meios necessários para aguentarmos economicamente a luta. Mas isso não acontece. Se a população se esconde bem, não aceitando o que ele deseja, então queimam as nossas colheitas e nossas tabancas, destroem tudo, matam as nossas vacas, ou qualquer outro animal que criem, matam-no. E como criminosos

19 Bolanha é um termo guineense, proveniente do idioma crioulo local, que se refere a um grande terreno pantanoso e fértil, normalmente utilizado para o cultivo de arroz.

que são, matam o nosso povo, crianças, mulheres, velhos, quanto mais homens adultos. Tudo isso não é só por causa da guerra, não, é para destruir, para acabar com a nossa resistência econômica, porque os tugas sabem, como nós, que se não tivermos uma economia, se não tivermos meios económicos dem nossa terra para aguentarmos a luta, se não tivermos comida para o nosso povo e para os nossos combatentes, não pode haver guerra, não pode haver luta, camaradas.

O inimigo, portanto, faz tudo o que pode, e mesmo em relação a medicamentos e outras coisas, tecidos, que arranjamos para a nossa gente, para os Armazéns do Povo, para os hospitais, etc., ele se esforça para acabar com isso, para destruir. Uma das grandes derrotas do inimigo no plano econômico é o fato de termos conseguido instalar, em algumas áreas, armazéns do povo, levar tecidos, calçados e outras coisas de que o nosso povo precisa. O desejo dos tugas é encontrar tudo isso para queimar o mais depressa possível, porque ele sabe que isso é uma força econômica nossa e traduz-se sempre numa nova força política no quadro da nossa luta.

Para evitar a nossa resistência econômica, os tugas estão dispostos a queimar completamente a nossa terra se for preciso, a fazer a política da terra queimada, a reduzir tudo a cinzas, só para não vencermos a nossa luta. Temos, portanto, que estar vigilantes em relação a isso e temos que saber bem o que devemos fazer diante dessa intenção criminosa dos tugas, da qual eles têm dado provas em algumas áreas da nossa terra. Temos que lutar economicamente de forma séria.

Programa para a nossa resistência econômica

Por isso, desde o começo, o nosso Partido tem pensado e tem procurado fazer um programa para a nossa resistência econômica. Claro que temos que adaptá-lo às nossas condições, da melhor maneira. E devemos mobilizar todas as nossas forças para a nossa resistência econômica, sobretudo as forças da nossa população, dos nossos militantes nas tabancas, nas nossas áreas libertadas. Ao mesmo tempo, devemos reforçar cada dia mais a destruição da economia colonial do nosso inimigo, enquanto devemos fazer planos seguros para aumentar a nossa produção, tanto agrícola, como o artesanato e outras coisas da nossa terra. Devemos procurar destruir os meios econômicos do inimigo, seus carros, suas fábricas, seus depósitos, seus armazéns, seus barcos, suas estradas, para cortar completamente a sua exploração econômica na nossa terra.

Os camaradas viram que começamos com a sabotagem de estradas, pontes e tudo mais. Esse foi o primeiro ato de resistência econômica, que também é política e militar, e que fizemos contra o inimigo colonialista. E, mesmo nós, numa área dada, se o inimigo estiver instalado de tal maneira que só se queimarmos tudo é que o fazemos sair, temos o direito de fazê-lo, porque a terra é nossa. É preferível queimarmos uma completamente área para tirar os tugas e depois trabalharmos para reconstruí-la, do que não fazer nada e os tugas ficarem lá eternamente, dominando o nosso povo. Temos que ter consciência disso, embora na nossa luta tenhamos que estabelecer táticas de tal maneira, que possamos reduzir ao mínimo a necessidade de destruir as coisas que, embora sob a dominação colonial, foi o nosso povo que fez.

Essa tem sido, aliás, a política do nosso Partido. Devemos compreender no trabalho do nosso Partido, a grande necessidade de destruir todos os meios de abastecimento dos tugas. Foi por isso que insistimos tanto nos ataques aos barcos nos rios, ataques aos caminhões nas estradas, porque os barcos e os caminhões abastecem a guerra, mas também servem à economia do inimigo. Na medida em que atacamos barcos e caminhões, atacamos o inimigo, tanto do ponto de vista militar como, o que é muito importante, do ponto de vista econômico. Devemos fazer o possível na nossa terra, na nossa luta, como temos tentado, mas devemos nos esforçar cada dia mais para levantar a nossa economia mesmo com a guerra, mas levantá-la para melhorarmos as condições de vida na nossa terra e devemos fazer o máximo de força que pudermos para cada dia dependermos menos das coisas que vêm de fora da nossa terra. Quer dizer, para procurarmos ser autossuficientes.

O Partido deu palavras de ordem importantes, no sentido de desenvolvermos a nossa agricultura, de melhorarmos a nossa produção. Aumentar a produção da agricultura, fazer outras coisas como obras de artesanato, até mesmo passar a fazer mais sabão dentro da nossa terra, procurar desenvolver todas as indústrias caseiras da nossa população. Tudo isso está nas palavras de ordem do nosso Partido. Para quê? Para vermos se conseguimos ser autossuficientes. Claro que a nossa terra tem condições especiais, infelizmente, que limitam muito as possibilidades do nosso trabalho nesse campo. A nossa terra estava economicamente muito atrasada, muito atrasada para podermos aplicar com bastante sucesso esses princípios fundamentais de resistência econômica, mas não é razão para não fazermos o máximo que pudermos. Não podemos pretender, por exemplo, ser autossuficientes em matéria de tecidos, que o nosso povo estava habituado a comprar, sapatos, colares, suponhamos, agulhas, máquinas de costura, etc., etc., coisas que fazem parte das primeiras necessidades criadas no nosso povo ao longo de todo esse tempo de colonialismo. Não podemos porque na nossa terra não há fábricas para produzir essas coisas.

Há muitas culturas agrícolas que nunca fizemos e não é no meio desta guerra que as faremos rapidamente. Mas devíamos ser capazes de começar a fazer algumas delas. Não podemos pretender nos abastecer por nós mesmos em matéria de medicamentos, mesmo os mais simples, mas há coisas que podemos fazer de fato. Aumentar a produção de arroz, aumentar a produção de mandioca, de batata, de outros produtos alimentares, e garantir a produção em todas as áreas controladas por nós, por exemplo. Aumentar os níveis de produção, isso podemos fazer e, em nossas atuais condições de luta, é uma base fundamental para a nossa resistência econômica.

Devemos também procurar, já falei disso, desenvolver o nosso artesanato: potes, esteiras, panos, bandas, etc. O nosso Partido trabalhou um bocado nesse campo, mas não conseguiu fazer o que queria, porque no meio da guerra, nas condições da nossa terra, alguns responsáveis do Partido esqueceram as palavras de ordem nesse campo, de desenvolver a produção, aumentar a produção, multiplicar ou diversificar, variar os produtos agrícolas na nossa terra. Mas claro que conseguimos alguns sucessos. Houve áreas em que a produção de arroz aumentou muito, já temos áreas em que se produz mais mandioca do que antes, mais batata do que antes, mas devemos reconhecer que está longe de ser aquilo que poderia. Se é verdade que em algumas áreas, como em Quinara por exemplo, antes, algumas populações que não cultivavam, hoje cultivam, também é verdade que em outras, onde a população cultivava muito, passou a cultivar menos, por causa da guerra. E um grande golpe na nossa resistência econômica foi, e continua a ser, a saída de um grande número de pessoas da nossa terra para o Senegal. É um golpe na nossa resistência econômica porque toda essa gente são braços capazes de trabalhar nas condições das nossas regiões libertadas e que vão trabalhar no Senegal, aumentando a economia do Senegal e diminuindo a nossa economia para uma resistência econômica diante dos colonialistas portugueses.

Devemos dizer, claro, que alguns dirigentes e responsáveis do Partido, em todos os níveis, não têm dado a devida importância à nossa resistência econômica. Sempre dissemos que é necessário não só o povo trabalhar, a população trabalhar para produzir, mas os combatentes também devem fazer o mesmo. Devemos mobilizar todas as forças na época das chuvas para a população trabalhar mais, para os combatentes cultivarem, para os milicianos cultivarem. Em algumas áreas foi possível, mas em outras devemos reconhecer que, mesmo os combatentes que não têm muito trabalho a fazer, porque as áreas estão livres, não cultivam, esperando apenas que a população lhes dê de comer. E hoje em algumas áreas, chegamos a um ponto em que, por causa da falta de chuvas no ano passado, por exemplo, a população não pôde dar comida, os combatentes não cultivaram nada, e têm que pedir à direção do Partido para lhes mandar o que comer.

Devemos dizer de forma clara aos camaradas que, se temos que alimentar os combatentes no fundo do mato da nossa terra para podermos lutar contra os colonialistas portugueses, então os colonialistas portugueses ficarão na nossa terra mais cem anos. Esse seria o resultado, sobretudo, da falta de camaradas responsáveis, que não foram capazes de pôr os combatentes para lavrar, no momento em que era preciso lavrar. Há até combatentes que nem sequer ajudam a população, como dissemos que deviam ajudar.

No plano da nossa resistência econômica, devemos orientar o nosso trabalho de maneira a garantir a economia de guerra, para podermos assegurar o abastecimento das frentes de luta, o abastecimento dos nossos combatentes e o abastecimento do nosso povo com artigos de primeira necessidade. Infelizmente, temos grandes dificuldades em conseguir artigos de primeira necessidade, porque não temos dinheiro suficiente e, nas condições da nossa terra, em que destruímos pontes, estradas, etc. e não temos carros, que nem é possível utilizar hoje em dia, não podemos estabelecer comércio exterior que nos permita comprar coisas com o produto daquilo que vendemos fora. Por isso, o abastecimento da nossa população com artigos de primeira necessidade depende, fundamentalmente, dos dons ou donativos que nossos amigos e aliados nos mandam para isso. Devemos, ao mesmo tempo, tentar, como já disse, desenvolver cada dia mais o respeito por aqueles que trabalham, elevar bem alto o valor do trabalho, convencer os filhos da nossa terra de que o trabalho da terra não deve ser desprezado, pelo contrário, é o trabalho mais puro, mais são, de maior valor na nossa terra hoje em dia. Infelizmente, na nossa cabeça de Africanos, trabalhar ainda é uma coisa que não vale muito, sobretudo então lavrar a terra — quem lavra a terra só tira coisas para comer, porque é trabalho de desgraçados. Mas temos que ser capazes, no quadro da nossa resistência econômica, de fazer um trabalho político grande, para convencer o nosso povo, a nossa população, a cada um de nós, cada dia mais, de que lavrar a terra, cultivar plantas, não é só para comer, mas para podermos ter muitos produtos para exportar, vender, transformar em outros produtos. É o trabalho mais importante, mais digno, mais elevado da nossa terra, seja na Guiné seja em Cabo Verde, camaradas.

Temos que ser capazes, hoje, mas sobretudo amanhã, no quadro da nossa resistência econômica, de levar todas as camadas sociais da nossa terra a produzir cada vez mais e levar cada grupo étnico na Guiné, cada raça, como costumamos dizer, a multiplicar os produtos que produz. Não podemos permitir que uma etnia da nossa terra produza só arroz; tem que produzir arroz, milho, feijão, mancarra, etc., incluindo hortaliças e outras coisas mais, porque é preciso melhorar o nível alimentar do nosso povo. Toda a população da nossa terra pode produzir tudo. Temos que fazer isso e desenvolver em todo o lado todos os tipos de cultura para melhorar o nível de produção do nosso povo. E pouco a pouco, temos que estimular, quer dizer, entusiasmar, dar coragem àqueles que têm mais valor, para produzirem cada vez mais. Devemos cultivar a nossa amizade, o nosso carinho, a nossa dedicação, para com aqueles filhos da nossa terra que vemos cultivar suas bolanhas com entusiasmo, com dedicação e devemos levantar o seu nome bem alto, dá-los como exemplo a outros filhos da nossa terra.

Temos que estabelecer pouco a pouco toda uma maneira de resolver o problema dos pequenos agricultores da nossa terra amanhã, porque, pelo seu atraso, nem verdadeiramente pequenos agricultores chega a ter na Guiné. Em Cabo Verde, o problema é diferente, porque os pequenos agricultores são muitos, não tanto como desejamos, porque a maioria são arrendatários ou parceiros. O problema é fundamentalmente o de levar as pessoas para trabalharem juntas nessas condições. Na Guiné, pouco a pouco, temos que ser capazes de criar cooperativas, aumentando, em primeiro lugar, a cooperação entre famílias, e procurando amanhã os melhores militantes para trabalharem nas cooperativas em conjunto, para desenvolverem o sistema cooperativo que, quanto à nossa ideia, é o caminho mais curto para desenvolvermos nossa agricultura e nossa economia dentro da nossa terra amanhã.

E desde já, devemos começar com experiências nas propriedades que eram do Estado colonial. Por isso o nosso Partido deu ordens para que aquelas granjas ou hortas deixadas pelo inimigo ou por aqueles que fugiram da guerra, na nossa terra, deviam ser dirigidas pelo nosso Partido, que nomeará Comitês para geri-los. Devemos confessar que, na maioria dos casos, nossos responsáveis, nossos camaradas, não deram tanta importância como seria bom dar a esses trabalhos, a essas palavras de ordem do Partido e até hoje, de grande parte dessas granjas e hortas, não se tirou o rendimento que era possível tirar, nem as puseram nas condições que era preciso pôr. Algumas delas estão abandonadas, cheias de palha, as plantas desapareceram, estragaram-se, além daquelas em que os próprios tugas bombardearam, destruindo as nossas árvores frutíferas e outras coisas que lá havia.

Agricultura: aspecto principal da nossa resistência econômica

Temos que deixar claro em nossa cabeça, no quadro da nossa luta, qual é o aspecto principal da nossa resistência econômica. No caso concreto da nossa terra, todos vocês já sabem, é a agricultura. Não temos mais nada por aqui. É agricultura hoje, agricultura amanhã e ainda agricultura talvez mais tarde. Desde já temos que fazer o máximo esforço para avançarmos com a nossa agricultura, elevando a consciência política dos nossos camaradas agricultores, dos nossos patrícios lavradores, mostrando-lhes que o caminho da agricultura é o primeiro caminho para o sucesso e para o avanço do nosso povo, desde já. Mas também é o caminho que pode abrir ao nosso povo a oportunidade para desenvolver a indústria amanhã, para criar uma condição de vida mais elevada. Mas temos que, em primeiro lugar, tirar o rendimento devido da nossa agricultura, que que até hoje é atrasada no meio da nossa vida africana, agricultura simplesmente de subsistência, onde cada um produz apenas aquilo que é necessário para a sua família comer, agricultura sem poupança nenhuma, sem se poder guardar para amanhã, às vezes mesmo nem guardar o necessário para as sementeiras. E no quadro colonial a agricultura puramente para a economia de troca, com os tugas, com eles explorando o nosso povo. Produzir mancarra, colher coconote,[20] cera, mel, para trocar com os tugas ou vender o arroz de sua produção e é tudo. Come-se o dinheiro e todos os anos, filhos da nossa terra, lavradores, em cada começo de ano estão na mesma situação de desgraça, não avançam nada. Esta é a característica da nossa agricultura.

Em outras terras, certas pessoas diziam que a agricultura era a arte de se tornar pobre, mas alegremente, sem cuidados. Na nossa terra, talvez a agricultura seja a arte de ficar pobre para

[20] Amêndoa de palma.

toda a vida, se de fato não mudarmos o tipo de agricultura, se não fizermos uma verdadeira revolução no plano agrícola em nossa terra, que tem condições muito boas para agricultura, tanto na Guiné como em Cabo Verde — apesar de haver períodos de seca em Cabo Verde, o que não é razão nenhuma para desastre na agricultura em nosso tempo, com tantas conquistas da ciência hoje e que devem estar à disposição de todos os homens do mundo.

Só depois de avançarmos de fato com a nossa agricultura, é que podemos tirar da nossa terra um rendimento como deve ser. Temos a certeza que há terras nossas que podem produzir duas, três, quatro, dez vezes mais do que aquilo que produzem hoje, se a técnica for melhorada, se tratarmos a terra como deve ser, selecionar as sementes, cuidar das plantas como deve ser, se trabalharmos muito e bem. Muitas terras nossas, se tiverem adubos, estrumes, se juntarmos a agricultura com a criação de gado como deve ser, podemos aumentar nossa produção de maneira extraordinária e, dentro desse quadro da agricultura, a produção de gado, a criação de gado em grande, gado de raça, podemos fazê-lo, aves de capoeira, de todas as raças, podemos fazê-lo. Isso se de fato trabalharmos com vontade, se de fato nos dedicarmos muito, se cada homem se dedicar ao trabalho com vontade. Não podemos avançar na nossa terra, se criar galinhas for deixá-las no mato e apanhá-las quando for preciso para comer ou vender. Isso não é criar galinhas, é colher como quem colhe chabéu[21] ou fole[22] no mato.

Temos que melhorar de fato tudo isso, para podermos pensar em fazer a nossa terra avançar em outros planos. No plano da indústria, por exemplo. E devemos abordar o problema mais

---

[21] Dendê.

[22] Fruto da árvore popularmente chamada de "Saba" na Guiné-Bissau. Possui um formato semelhante à cabaça, com polpa amarelada e de sabor acidulado.

concreto de que tanto na Guiné como em Cabo Verde, a pecuária, quer dizer, a criação de gado, pode ser uma riqueza de uma importância grande, camaradas. A Guiné, no quadro africano em geral, é uma das terras que têm maior densidade de gado, mas Cabo Verde, apesar das secas e da falta de chuvas às vezes, tem possibilidades, ainda hoje, de exportar couros e peles tanto para Portugal como para outros lados. Portanto, vemos que devemos, desde já, orientar nossa vida nesse caminho, de, ao lado da agricultura e exatamente para que ela possa avançar bem, desenvolver a nossa pecuária.

Infelizmente, devido a esta guerra, durante a nossa luta, nã4r\ po temos dado a devida atenção a esse trabalho, não temos controlado a nossa riqueza em gado. Grande parte da nossa riqueza em gado do Norte, passou para o Senegal com os refugiados, para grande satisfação dos nossos irmãos senegaleses. Outros passaram para a área de Kundara. Os tugas têm comido as nossas vacas de uma maneira doida, inclusive exportando-as. Mas nós mesmos, como responsáveis e dirigentes, não temos dado atenção a isso, não temos trabalhado bem junto da nossa população, para lhes mostrarmos a importância que tem conservarmos a nossa riqueza em gado. Hoje, felizmente, os chefes de posto já quase não comem nossos cabritos e nossas galinhas, nem os sipaios, mas o que é que já fizemos para os conservar bem, para cuidar deles como deve ser, levando o nosso povo a cuidar melhor, a tratar melhor disso?

Os camaradas comissários políticos, da segurança, da saúde, responsáveis, nunca passam um dia pensando na nossa riqueza em gado, em geral, com exceções, claro. Deu-se o caso, por exemplo, em que um responsável nosso, porque nasceram duas crianças em uma área da nossa terra onde há vacas paridas, todas paridas, escreveu-me para lhe mandar leite para as crianças que nasceram, porque não havia leite para lhes dar, enquanto é verdade, que em qualquer lado, em qualquer casa onde há vacas paridas, ele podía encontrar, conseguir leite para as crianças. Mandei-lhe dizer que procurasse vacas para tirar o leite, porque eu não mandava leite nenhum. E ele conseguiu. Os camaradas não estão dispostos a pensar, a procurar ver os problemas nesse quadro, como em outros, infelizmente. Só querem facilidades, mas se nós trabalhássemos bem, podíamos ter leite à vontade na nossa terra. Até podíamos fazer queijo na nossa terra, nas áreas libertadas, manteiga. Podíamos fazer nas áreas libertadas, porque não há dificuldade nenhuma, qualquer pessoa pode ensinar a fazer manteiga num instante.

No tempo das chuvas, por exemplo, não se pode cultivar cebolas, mas no tempo seco, agora, em Novembro, qualquer unidade do exército, em sua área, em um canto de sua barraca pode ajeitar uns terrenozinhos e cultivar cebola, alho... Basta indicar dois camaradas para vigiarem perto do rio para regarem como deve ser, tanto no Corubal como no Canjambari, ou qualquer outro, podemos cultivar, ou perto de uma fonte no sul da nossa terra, em Cubisseco, ou em Quinara, ou em qualquer lado. Mas ninguém faz isso, porque esperam que o Partido mande aquilo que é preciso. Se esquecem que perdemos o nosso tempo, importante, para podermos fazer avançar o povo, para avançarmos nós mesmos, à nossa luta, no quadro de satisfazer as nossas necessidades.

Devemos confessar que, neste plano, o nosso Partido não tem tido grandes vitórias, fora o fato de que, em algumas áreas, o número de bolanhas aumentou, a produção de arroz subiu um bocado e alguns produtos, como a mandioca e outros foram mais cultivados. Houve um certo sucesso no trabalho político para levar certas populações a cultivar o que não estavam habituados a cultivar muito, mas não temos mais nenhum sucesso neste trabalho, porque os nossos responsáveis não têm dado importância nenhuma à questão do desenvolvimento da nossa economia, na medida daquilo que podemos. Não é para fazermos milagres, mas na medida em que podemos realmente.

Somos um país agrícola, devemos levar toda a gente a produzir: população, tropa, mesmo alunos das escolas, devem produzir. Demos ordens, por exemplo, para cada escola ter o seu campo de produção. Rara é a escola que fez o seu campo de produção. Mas os responsáveis passam, olham e não dizem nada. Os dirigentes passam, olham e não dizem nada. E o resultado é que mesmo para os internatos é preciso que mandemos arroz para comerem. Podemos perguntar: o que é que essas crianças estão fazendo lá? Que interesse há em procurar saber ler, se não são capazes de lavrar um pedaço de terra? Não podemos deixar o nosso povo cair nesse vício. Queremos aprender a ler, aprender tudo, mas temos que trabalhar para nos abastecermos, porque ninguém no mundo nos vai dar comida e um povo que não é capaz de produzir a sua comida ele mesmo, não pode ter mais nada na vida.

Temos que evitar, claro, toda a espécie de luxo, de finuras e disfarces, no tempo da nossa luta, no tempo da nossa guerra. E aquele pouco que nós temos, para os nossos armazéns do povo, temos de ser capazes de o poupar como deve ser e de distribuí-lo com justiça para que o maior número de pessoas possível possa conseguir se beneficiar dessa vantagem que o nosso Partido criou.

Desenvolvimento econômico na fase da independência

E desde já temos que preparar os nossos planos para a economia da nossa terra na independência. Não é só amanhã que devemos fazê-lo, é desde já, todos nós. O Partido tem que conhecer como deve ser, as possibilidades concretas da nossa terra em todos os ramos da economia e preparar com consciência e baseado na ciência mesmo, planos para o desenvolvimento da nossa terra.

Se não formos capazes disso, de estabelecer concretamente qual o caminho que devemos seguir na economia para podermos avançar na nossa terra, estabelecer concretamente uma política econômica para ela, então estamos morrendo, nos cansando, sendo feridos e estragando nossa vida para nada, porque não somos capazes de tirar o rendimento necessário para fazermos avançar o nosso povo, como lhe prometemos e por cima de tantos sacrifícios com esta guerra.

Devemos orientar, hoje e amanhã, o nosso trabalho no plano da nossa resistência econômica nesse aspecto: fazer aumentar a produção, todo o tipo de produção na nossa terra. Fazer essa produção melhorar cada dia mais. Devemos ser capazes de tirar de cada pedaço de terra, o máximo que ela pode dar. Devemos fazer economia, quer dizer, aumentar o ganho e diminuir as despesas.

E uma coisa que custa muito aos nossos camaradas entenderem, ainda hoje: que o nosso Partido praticamente não tem receita, a não ser umas colas ou umas peles de lagarto ou crocodilo que se vendem. O Partido não tem receita praticamente. Nossos camaradas não têm o menor cuidado, a menor atenção ao fato de que não se deve gastar muito. Tudo quanto se põe na mão de alguns camaradas é para gastar como se fosse o rio Corubal ou o rio Geba com suas águas. "Vamos gastar porque não vai parar". E mesmo coisas de grande importância para nós, como munições. Não temos sabido fazer como deve ser a economia das nossas armas, das nossas munições. Muitas armas estragam por falta de cuidado, muitas munições se perderam por falta de cuidado e por gastos exagerados.

Mas isso nós entendemos, é uma experiência nova, no quadro de uma guerra nova na nossa terra e podemos admitir certas dificuldades e deficiências. Mas outras coisas como gasolina, medicamentos... E mesmo o arroz, para aquelas áreas que não dão arroz, acontece, por exemplo, o seguinte: como os camaradas sabem, um grupo de combatentes tem que tomar arroz para comer, porque na área onde está, como na zona da fronteira, não há possibilidades de conseguir arroz da população. Então, ocorre de termos arroz agora, o suficiente para dois meses. Já aconteceu que esse arroz foi comido em vinte dias, todo. Como é possível isso acontecer, sendo nós que não temos receita? Temos que acabar com isso, camaradas.

Outro aspecto importante, evidentemente no quadro da nossa economia, é a questão dos transportes. Hoje é difícil discutirmos esse problema porque estamos em guerra, em plena guerra, e destruímos a economia do inimigo destruindo estradas, e seria bom que destruíssemos mesmo todas as possibilidades do inimigo se locomover nas estradas ou nos rios da nossa terra — infelizmente ainda não destruímos tudo. Isso é bom para nós por um lado, mas também é mau por outro, porque a nossa economia, se a queremos desenvolver em certas áreas, não podemos fazê-lo porque não temos estradas. Não temos tempo para alcatroar estradas, etc. Mas desde já devemos pensar neste problema para amanhã na nossa terra. E temos que pensar seriamente nas vantagens que há em defender os meios de transporte fluviais, quer dizer, por rios, porque a nossa terra na Guiné, é rica em canais, caminhos d'água, para escoar os nossos produtos e criar novas possibilidades para isso amanhã. E ao mesmo tempo, possibilidades de garantir uma ligação entre o nosso continente e as nossas Ilhas de Bijagós e Ilhas de Cabo Verde. Porque só em uma terra em que as ligações são como a circulação do sangue no corpo de um homem, é que de fato se pode avançar.

O sistema de transporte, de comunicações, é tão importante para um país avançar como é importante os vasos sanguíneos, as artérias, etc., no corpo de um homem. Temos que pensar bastante nisso desde hoje, assim como já fizemos este ano. Isso não quer dizer que mesmo agora não devamos fazer o possível para garantirmos os meios de transporte. O Partido tem feito o máximo para ter carros e barcos para o abastecimento da nossa gente. Talvez sejamos o único caso de uma luta de libertação em que algumas áreas da nossa terra são abastecidas por barco. O nosso Partido tem sido capaz de garantir isso, apesar de todas as dificuldades, apesar de toda a falta de cuidado que nossos camaradas têm com o nosso material. Mas dentro da nossa terra, particularmente na Guiné, onde já estamos em guerra, devemos ser capazes de garantir os meios de transporte também. Não pode ser nas estradas? Temos muitos rios, garantamos as canoas, vamos construí-las. O tuga sabe isso tão bem, que o seu grande trabalho é quebrar nossas canoas. Mas devemos ser teimosos. Os tugas, primeiramente: não vamos deixá-los quebrar as nossas canoas. Vamos escondê-las, aquelas que usamos, seja para transporte do nosso material, seja para transporte de mercadorias, de pessoal. Vamos usá-las e escondê-las como deve ser. Infelizmente muitos camaradas, quando passam o rio nas canoas, deixam-nas lá onde o próprio tuga pode apanhá-las e quebrá-las. Existem mil maneiras de escondermos canoas. Mas se por azar os tugas quebrarem-nas, devemos pôr gente para construir outras, escolher gente que sabe trabalhar a madeira para fazê-las. No Boé, por exemplo, nunca nos faltaram canoas. Por que? Porque pusemos o Idrissa num só trabalho: fazer canoas. Mas tem acontecido nesta luta, em certas áreas em que os tugas quebram canoas, que, em vez dos camaradas procurarem maneira de arranjar outras, o que felizmente muitos camaradas fazem, há casos em que nos mandam telegramas: "Cabral, os tugas quebraram-nos a canoa". Que é que eu posso fazer? Se ele é o responsável, se ele é que está lá, ele que manda na população, que manda nos combatentes. Por que é que não arranja gente para fazer canoas?

Muitos camaradas pensam que temos que arranjar botes, e de fato os arranjamos, mas os botes não podem resolver esse problema, porque não vamos comprá-los para pôr em todo o lado. Fizemos um esforço para arranjar motores para algumas áreas, motores fora de bordo e ainda hoje os temos. Mas a verdade é que os camaradas, em algumas áreas, como em Quitafine, por exemplo, rebentaram os motores completamente, em poucos dias. Eu mesmo saí para ir a Ghana comprar motores novos, mas foi tudo arrebentado em menos de um mês, porque os camaradas querem brincar com os motores ao invés de usá-los só no momento em que é preciso. E os camaradas não dão nenhuma importância a uma regra que é simples: para usar um motor é preciso misturar a gasolina com óleo. Mas não, se não há óleo põem gasolina e vão por aí a fora porque querem passear. Isso, camaradas, é a desgraça da nossa vida do ponto de vista econômico. Depois dizem que não há abastecimento porque não há como transportar as coisas. Não pode ser.

Outro meio de transporte que podíamos utilizar muito nesta guerra, é a bicicleta, fazer como os vietnamitas, embora a nossa terra tenha certas condições, talvez mais difíceis, mas ainda assim, parece-se muito com o Vietnã. Fizemos a experiência. Pusemos camaradas para transportar coisas em bicicletas, mas quebraram todas elas, completamente, em poucos dias. Outros até, no meio do caminho paravam, punham a bicicleta na cabeça e levavam-na assim. Por que? Diziam que não estavam habituados. É muito difícil puxar a bicicleta, mas está provado pela experiência de outros povos, que uma bicicleta bem trabalhada, bem arranjada, com paus para sustentar a carga, pode levar 250 Kilos. Um homem não pode levar nem 20 quilos quase. Podíamos fazer o abastecimento de áreas da nossa terra, de delas, só com bicicletas. Claro que é difícil, às vezes é preciso atravessar os rios, lugares alagados, etc., é difícil, mas podemos andar com bicicletas.

Se dermos uma bicicleta a um camarada, para ir, por exemplo, da fronteira até Cubucaré, pode ir de bicicleta, mas se for com carga, é difícil, esse é o problema. A bicicleta podia ser um meio magnífico na nossa terra, mas era preciso que camaradas nossos de vanguarda, mais esclarecidos, dessem o exemplo nisso, pegassem duro, mostrassem que é possível. Para fazermos como o povo do Vietnã, que é capaz de levar cargas longe só de bicicleta, até baterem o inimigo.

Lembro-me, por exemplo, de um grande feito dos nossos camaradas no sul da nossa terra. Queríamos levar armas pesadas para Cubucaré e Tombali. Havia grande dificuldade para carregar armas de mais de 15Kg. Os camaradas construíram uma jangada no rio Balana e vinham até a fronteira buscar as armas e levar. Isso mostra que, quando nós queremos, quando nós decidimos de fato, somos capazes de fazer. Somos capazes de fazer grandes coisas assim. Há quanto tempo já o Rio Farim está bloqueado, mas os camaradas são capazes de furar o bloqueio e passar, porque é preciso fazê-lo, porque apareceu um camarada responsável que disse: vamos em frente, peguem "teso". Mas, infelizmente, esses camaradas não são todos. São necessários mais, para a responsabilidade que temos, para as necessidades que teremos no caminho de fazer avançar a nossa luta.

Este problema de transporte é um problema para o qual temos que chamar a atenção dos camaradas muitas vezes. Ninguém pode pensar que a direção do Partido vai mandar caminhões para dentro da terra. Há partes da nossa terra em que já entramos com caminhão, mas é um fato muito especial. Têm que ser os responsáveis do Partido que devem ser capazes de resolver o problema de transporte. É incrível, por exemplo, como o Setor 2 da Frente Leste pode ficar algumas vezes sem munições. Mas nenhum outro setor faz um esforço para levar-lhes munições, por exemplo. A não ser Quinara, que às vezes empresta um bocado para eles. Mas há munições, grande quantidade em certas áreas, e só há dificuldades de munições, porque os camaradas não se levantam para ajudar os outros a resolver esse problema. Mesmo na questão do arroz, em algumas áreas, ele abunda, em outras é pouco, mas levar o arroz até lá, é muito difícil, e não pensam em arranjar uma solução para resolver isso. Às vezes, faz-se sim, e isso é uma prova de que podemos fazer sempre se quisermos. É uma questão de teimosia, dedicação, interesse, pensamento para transformar em ação no caminho de servir melhor o nosso Partido.

Devemos, para avançar com a nossa luta, no quadro da resistência econômica, evitar sobrecarregar demasiado o nosso povo, para ele não pensar que o nosso Partido também quer explorar. Sempre demos aos camaradas as palavras de ordem, para não abusarem dos bens do povo, das galinhas do povo, das vacas do nosso povo. Se ele nos der, aceitamos, mas não devemos exigir-lhe nada, não devemos tomar nada à força. Nem sempre isso tem sido bem respeitado, nem sempre. Devemos estar conscientes de que aqueles que tentam explorar o nosso povo são criminosos, são favoráveis aos tugas, são inimigos do nosso povo, inimigos do nosso Partido. Para casos assim, é preciso saber claramente quem é que cometeu atos contra o nosso povo para ser condenado e mesmo fuzilado, se for preciso, seja chefe, ou responsável. Os camaradas têm feito muito esforço para evitar abusos contra o povo. Os dirigentes do Partido têm feito muito esforço para evitar isso. Nem todos, alguns. Os responsáveis têm feito esforços para evitar isso, mas temos que acabar completamente com todos os abusos na nossa terra. Temos que tirar do nosso povo a carga excessiva e temos que mostrar-lhe que nós não o fazemos e nem nunca o faremos mal.

Temos, além disso, que encorajar, procurar maneiras de recompensar com elogios, com prêmios, condecorações, a gente da nossa terra que produz mais. Nós queremos amanhã na nossa terra o seguinte: que o nome das pessoas que se elogia seja só o daqueles que produzem mais. Quem produz mais arroz na nossa terra, uma pessoa, uma família ou uma cooperativa, a esses é que se levanta bem alto o seu nome, com prêmios, são as melhores pessoas da nossa terra. Quem produz mais mancarra, quem for capaz de produzir mais óleo de palma, etc., etc., camaradas. E devemos castigar duro, criticar duro aqueles que não trabalham para produzir o necessário dentro da nossa terra, no quadro da nossa resistência econômica.

Claro que, para o futuro, temos outros problemas, muito importantes, como desenvolver e estabilizar o nosso mercado, dentro da nossa terra, desenvolver o máximo a troca com outros países, estabelecer portanto, todo um sistema de comércio exterior. Temos que estudar profundamente o problema de preços na nossa terra. Às vezes, nós estamos nesta luta e pensamos que é só matar os tugas, lutar e tomar a terra. Os grandes problemas estão no futuro, camaradas. Temos que saber bem quem é que vai mandar dentro da nossa terra na questão de comércio. Ele ainda está nas mãos dos tugas. Nas mãos dos tugas ainda estão a importação e a exportação. Isso tem que ser estabelecido claramente na nossa terra amanhã. O nosso Partido tem que ser capaz de definir isso claramente, para não haver confusões. Para cortarmos, desde o princípio, todas as tendências para explorar o nosso povo amanhã.

E temos que evitar desde já, todas as ideias erradas no quadro da nossa economia. Um erro grave, que cometemos na nossa terra até hoje, é o seguinte: é que ninguém paga imposto desde que foi libertado. Isso é um erro. Nós devíamos ser capazes de, depois de libertarmos uma área como Cubucaré, por exemplo, estabelecer imediatamente qual o imposto que o povo devia pagar. Imposto, que mesmo não sendo em dinheiro, podia ser *em natureza*, como se diz, quer dizer, em produtos, para o nosso povo não perder o hábito de pagar impostos, para não pensar que quando tomarmos a nossa terra, já não vai haver impostos. Não há terra nenhuma que possa avançar sem pagar impostos. Isso foi um erro. Mas foi um erro necessário, no quadro da nossa mentalidade que não era ainda seriamente nacionalista. Não tínhamos ainda consciência nacional a sério. E no quadro da nossa terra, se, ao mesmo tempo que libertamos Cubucaré, cobrássemos impostos, talvez nossa população ainda estivesse com os tugas. Por isso cometemos esse erro, mas temos que esclarecer o povo, falar claramente, como temos feito sempre, aliás, que não pagam impostos agora, mas amanhã terão que pagar. Grande parte do nosso povo sabe disso, já entendeu bem. Só que devemos explicar-lhe que o imposto que vai pagar amanhã não é como o dos tugas. Nem em sua base, quer dizer, no critério, na norma que é estabelecida para o pagamento de impostos, nem em sua finalidade, quer dizer, para quê é que o imposto serve. O imposto na nossa terra tem que servir para elevar cada vez mais o nível de vida do nosso povo, no plano econômico, social e cultural.

Devemos andar sempre com planos, se quisermos de fato ganhar a nossa resistência econômica, que é contra os tugas hoje e contra o subdesenvolvimento amanhã, o atraso em nossa terra amanhã. Devemos conhecer as condições reais da nossa terra na Guiné e em Cabo Verde, para podermos fazer planos concretos e avançar o desenvolvimento da nossa terra. E não andar como quem entra em um quarto escuro, tropeçando em tudo, derrubando móveis, dando com a cabeça, a testa na parede, sem saber o que se está fazendo. Isso é muito importante para a nossa vitória amanhã, no plano da nossa resistência econômica, camaradas. Devemos evitar desde já, como amanhã, toda a mania dos planos grandiosos, devemos fazer aquilo que é possível em cada fase da nossa vida e devemos conhecer isso bem.

Vontade e decisão no trabalho, motor do progresso

Devemos evitar e combater todos os que ficam de braços cruzados. Na nossa terra, hoje, como amanhã, todo o ser válido deve trabalhar. Quem não trabalhar, não tem direito a nada na nossa terra, tem que ser assim. Quem tem valor trabalha, quem não tem valor é porque não trabalha. E os melhores são aqueles que mais trabalham. Tem que ser assim na nossa terra e deve ser assim na nossa luta. Na vida atual do nosso Partido, devemos trazer à frente aqueles camaradas que mais trabalham e todos devem ter a certeza do seguinte: quem trabalhou muito ontem, tem valor, passa à frente. Quem pára de trabalhar porque já trabalhou muito ontem, não vale nada, nunca valeu. Eu repito sempre, no trabalho do nosso Partido cada um é como o pé de bananeira, todo ano tem que dar bananas. Não pensem que, porque deram um cacho ano passado, já chega. Não. Todos são capazes de dar mais pés. A bananeira, cada pé que dá filhos tem que ser cortado, porque é preciso que dê outro pé, outra planta para dar outro filho. É assim na nossa vida e no Partido.

Ninguém pense que pode dormir à sombra daquilo que trabalhou ontem. Há vários camaradas dentro do nosso Partido, que, porque trabalharam muito na mobilização, porque trabalharam muito na primeira fase da guerrilha, porque trabalharam muito no abastecimento em certa época, porque foram bons dirigentes de guerrilha ou do Exército, etc., hoje encolhem-se, se escondem a arranjam desculpas para não trabalharem muito, passam a vida parados, escondidos numa base, ou muitas vezes mesmo fora das fronteiras de nossa terra. Não pode ser assim camaradas. Ninguém ganha nada no nosso Partido se parar de dar cada dia mais trabalho, mais sacrifício, de mostrar mais vontade e mais decisão no trabalho.

Outra coisa grave também no nosso Partido, na nossa luta, é o seguinte: alguns camaradas que foram feridos, mesmo sendo válidos ainda, porque a maioria graças a Deus é válida (nós dizemos graças a Deus, mas também graças ao nosso Partido), de 500 camaradas feridos por exemplo, mais de 450, ou mais de 480 podem ficar válidos e voltar, portanto, a lutar, mas há uma tendência hoje, camaradas, que é a seguinte: eu sou ferido, agora faço do meu ferimento uma coisa muito grave, para parar a luta. Já cheguei a Ziguinchor, tive sorte de chegar a Conakry, não morri, me feri um bocado, agora não luto mais.

Não, camaradas, isso é desmobilização, é deserção. Em qualquer país, onde o povo é consciente, em qualquer luta em que os combatentes são conscientes, tomar pancada leva a ter mais coragem, lutar com mais vontade ainda, porque não só defendem a sua causa, a que se dedicam com força, como têm que fazer o inimigo pagar o mal que lhes fez. Em outros países há combatentes com as pernas cortadas que pedem pernas especiais para voltarem para a luta. Em outros países há comissários políticos, por exemplo, que em plena guerra são feridos num braço, o médico diz que tem que ficar seis meses para curá-lo e eles pedem para cortar o braço, porque assim se curam em 15 dias e podem continuar a luta. Porque um comissário político só precisa de cabeça, sem braços pode trabalhar.

Na nossa terra há comissários políticos que se têm a sorte de ferir um dedo, já é pretexto para parar, já não podem mais.

Camaradas, felizmente não é a maioria da nossa gente que é assim, não é toda a gente. Felizmente há muitos camaradas que têm balas no corpo que estão firmes no nosso trabalho e que, às vezes, nós é que temos que convencê-los a saírem da luta. Há camaradas que já se feriram três vezes, quatro vezes, que estão firmes na luta, cada dia com mais entusiasmo, com mais coragem. Esses é que são donos do nosso Partido, camaradas, esses é que são os filhos verdadeiros do nosso povo, esses é que são os donos do futuro da nossa terra, com certeza. Esses é que são os novos dirigentes e eu, em particular, digo-lhes: camaradas, vocês é que são a minha força. Alguns estão aqui sentados. Vocês é que são a força de todos nós e vocês é que justificam todos os sacrifícios que fazemos para seguirmos em frente. Camaradas que já se feriram, como por exemplo, um que não está aqui, camarada Kemo, ferido, sem estar curado ainda, se há um ataque ele volta atacar, não é verdade, camaradas? O mandamos à Europa para se tratar e seu único desejo era voltar depressa. E de facto, no dia em que eu fui lá, a essa terra, para o visitar, por acaso, ele estava no aeroporto para vir diretamente para o mato, sem pedir nada, sem discutir nada. Porque há outros que, quando são feridos ou estão doentes, procuram logo ocasião para exigirem coisas do Partido, como se pedissem que o Partido lhes pague. Esses camaradas que de fato não exigem nada, dando o seu sacrifício, o seu esforço, a sua energia, esses camaradas, fazem não só a luta armada ou política, mas também nos ajudam grandemente na nossa resistência econômica diante do inimigo que queremos destruir economicamente.

Devemos evitar, de fato, o esbanjamento, quer dizer, gastar coisas que podemos poupar, devemos evitar isso. Particularmente, na comida mesmo, por exemplo, na nossa escola, no Lar, em outros âmbitos, às vezes sobra tanta comida, tanto arroz, que outras pessoas vêm buscar esses restos para alimentarem os porcos. Porque nós não fazemos esforços para medir o arroz suficiente que chega para os camaradas, para pouparmos o arroz do Partido. Camaradas que em Conakry, ou em Ziguinchor, usam carro, dão o máximo de voltas e mais voltas, quando é possível resolverem os seus problemas com poucas voltas. Além daqueles que, tendo voltas a dar e podendo ir ao mesmo tempo, no mesmo carro, com outra pessoa, negam, e até se escondem para irem sozinhos. Não sabem que isso só gasta gasolina e cria problemas ao Partido.

Temos que combater na nossa resistência econômica tudo o que é malandragem, roubo, corrupção, gente corrompida, que aproveita as oportunidades para roubar, tanto o dinheiro que o Partido lhe põe na mão para administrar um Lar, ou um Internato, ou qualquer outra coisa, como tomar vacas, apanhá-las e mandar vender fora da terra, por exemplo. É uma forma de roubo também. Devemos combater isso com força, camaradas. Devemos elevar o respeito e a consideração por aqueles camaradas que até hoje, neste Partido, não foram capazes de fazer nada disso, e que, pelo contrário, têm mantido o seu comportamento limpo e procuram ajudar outros a ficarem limpos.

Nós, africanos, temos fama, por causa do nosso subdesenvolvimento, de que não há ninguém a quem se dê responsabilidades, sobretudo de recursos, dinheiro e outras coisas, que não roube. E as coisas que têm passado nos países africanos independentes de fato, assustam. Mas também coisas que têm passado com alguns de nossos camaradas mesmo, também nos dá medo, muito, camaradas. Devemos lembrar os camaradas, responsáveis e combatentes em geral, que também é furto quando, por exemplo, apanhamos coisas do inimigo, mesmo na guerra, não falando das coisas que tomam do nosso povo nas tabancas. Isso não é justo, e até mesmo pegar coisas do inimigo mesmo na guerra, esconder e ficar com elas, isso é roubar e começar a fazer papel de bandido.

Os nossos combatentes são gente honesta, séria, decente, digna, os melhores filhos do nosso povo. Portanto, um combatente nosso, quando, na guerra, pega um relógio, uma pulseira, um cordão de ouro ou qualquer coisa, pêgo do inimigo, deve mostrar a seu chefe, à sua direção, não ficar com ela, porque senão já não é combatente da libertação da sua terra, é salteador de estradas. Alguns camaradas não entenderam isso. Não entenderam quanto perdem em consideração diante daqueles que são sérios no Partido quando trazem no peito, pendurado, um grande cordão de ouro que foi tomado numa tabanca qualquer, ou em um encontro qualquer com o inimigo. Muitos camaradas não entenderam isso, mas foi uma baixa de consideração para eles. Mesmo relógios. Claro, se um indivíduo pegou um relógio em uma guerra, é para ele, mas tem que o mostrar primeiro ao seu chefe, que depois lhe diz que pode ficar. E se já tem um relógio e quer ficar com outro, deve passar o primeiro a outro camarada, que não tenha nenhum. Mas não, há camaradas que pegam e calam-se, e assim, mostram que a sua consciência ainda não entendeu o valor de seu trabalho, o sacrifício que ele mesmo faz. Ele rebaixa seu valor mais baixo que o valor de um relógio qualquer que amanhã ele pode ter tantos quantos quiser, honesta e decentemente. Temos que combater tudo isso, camaradas.

E temos que combater na nossa luta no plano econômico, como em outros planos, as tendências para extremismos, como, por exemplo, camaradas que dizem: "vamos por a nossa gente no trabalho forçado!" Isso não, camaradas. Obrigar o povo à força a fazer cultura de qualquer coisa, não. Pode ser que dê, mas não queremos isso. Não queremos extremismos. Isso é falta de compreensão do presente e do futuro da nossa luta. E, mesmo no enquadramento do nosso futuro na planificação da nossa vida de amanhã temos que evitar todo o extremismo, todo o exagero, sobretudo com a obsessão de ser demasiado progressistas. Por exemplo, pode haver camaradas que ponham o problema desde já da seguinte maneira: "em nossa terra a agricultura é uma coisa atrasada, toda a gente quer deixar a agricultura. A Inglaterra desenvolveu-se mas pouca gente faz agricultura. A França, à medida que avança, diminuiu os agricultores e aumentou as indústrias. Vemos que os países avançam com a indústria pesada, portanto, nós, na nossa terra, na Guiné e Cabo Verde, depois da independência só teremos a indústria pesada, paramos com a agricultura". Mas devemos estar vigilantes, também, para evitar os erros que são o contrário desse. Há os que pensam: "agora devemos deixar a nossa terra como está, porque assim é bom. Nós somos africanos, devemos ter os nossos régulos,[23] a gente que lhes cultiva a terra, que vende no comércio etc., porque assim é que somos bons africanos, com as nossas tradições, nossos costumes. Os balantas lavram arroz, os fulas lavram mancarra, os felupes lavram arroz, os

[23] Na administração portuguesa, régulos eram os intermediários entre a autoridade colonial e a população local, geralmente chefes tribais e potentados africanos.

manjacos lavram mancarra e arroz e outras coisas, os bijagós colhem coconote, o cabo verdiano produz milho para morrer de fome quando não houver milho". Não, isso não. É extremismo ao contrário. Se quisermos, na linguagem moderna: o que eu disse primeiro chama-se desvio para a esquerda e o que eu disse agora o desvio para a direita. Isso não quer dizer, que o meio é melhor. Há muita gente que julga que o que está no meio que é bom, mas não é verdade. A coisa boa está em saber somar um lado e outro para seguir adiante. Somar um lado e outro, procurar o caminho justo em uma terra, não é ficar no meio. No meio não se pode fazer nada. Mas essa é uma conversa mais complicada a que voltamos em outra ocasião.

Temos, portanto, que estar no plano da nossa resistência econômica como em outros planos, para além de todas as nossas fraquezas e levantar cada dia mais todas as nossas forças. Combater as nossas fraquezas para levantarmos as nossas forças. Esta é a nossa conversa de hoje sobre a nossa resistência no plano econômico.

RESISTÊNCIA CULTURAL

Devemos lembrar que não basta produzir, ter a barriga cheia, fazer boa política e fazer a guerra. Se o homem, a mulher, um ser humano — faz tudo isso, sem ele próprio avançar como ser inteligente, como primeiro ser na natureza; sem ele próprio sentir que cada dia aumentam em sua cabeça os conhecimentos do meio, como do mundo em geral, quer dizer, sem ele avançar no plano cultural, tudo aquilo que faz — produzir, fazer boa política, combater — não dá resultado nenhum.

Em nossa situação concreta, temos que dar grande atenção à nossa *resistência cultural*. O nosso Partido, desde o começo, tem dado grande atenção a isso, e tomou nesse sentido medidas importantes, a partir do Congresso de Cassacá, embora mesmo antes tenhamos aconselhado que, para avançarmos na nossa luta, devíamos fazer a resistência cultural. Aliás, devemos dizer concretamente que, a própria criação do nosso Partido, que planejou e avançou a nossa luta de libertação nacional, é um fato de cultura. É uma prova clara da resistência cultural, porque nós queremos ser nós mesmos, africanos da Guiné e Cabo Verde e não tugas. A nossa cultura não é a cultura dos tugas, embora a nossa cultura tenha hoje em dia alguma influência da cultura deles. Portanto, todos os nossos combatentes, responsáveis ou militantes conscientes, devem saber claramente que a nossa luta é, também, resistência cultural, se não o principal aspecto da nossa resistência cultural — a luta armada.

Liquidação da cultura colonial e dos aspectos negativos da nossa própria cultura

Devemos trabalhar muito para liquidar a cultura colonial na nossa cabeça, camaradas. E queiramos ou não, na cidade ou no mato, o colonialismo nos colocou muitas coisas na cabeça. E o nosso trabalho deve ser tirar aquilo que não presta e deixar aquilo que é bom. Porque o colonialismo não tem só coisas que não prestam. Devemos ser capazes, portanto, de combater a cultura colonial e deixar em nossa cabeça aquele aspecto de cultura humana, científica, que porventura os tugas trouxeram para a nossa terra e entrou na nossa cabeça também.

Concretamente, por exemplo: eu sou africano. Podia ser que, como outros africanos que ainda existem, eu me convencesse de que para que certas coisas na minha vida passassem, era preciso que eu satisfizesse a vontade do "iran", e o "iran" diz que aquilo que eu lhe pedi em nossa conversa, só pode se realizar se eu tirasse esmola de uma garotinha de três anos (que dja passa três tchuba), para matar, para fazer sacrifício, e, então, tudo aquilo que eu quero pode realizar-se. Isso ainda existe em África e, se observarmos bem, talvez exista ainda gente que acredita nisso em nossa terra. Lembro-me de um camarada chamado Alfucene, que mandamos para a luta no Gabú, se lembra Lúcio? Um dia me procurou para dizer que o "iran" no Gabú não queria que lutássemos lá, a não ser que o filho dele fosse sacrificado. Eu interpretei isso da seguinte maneira: ele, originário do Gabú, estava à procura de uma maneira de ser chefe, porque queria ser chefe por lá, e então quis mostrar que o "iran" tinha interesse em seu filho, portanto, ele devia ser chefe. Eu lhe disse: camarada, se é assim que vamos lutar no Gabú, vamos procurar esse iran até o encontrarmos, para matar, porque isso é um "iran" dos tugas, foram eles que o colocaram lá, não é da nossa terra.

Mas podia ser que eu, como africano, ainda tivesse isso na cabeça. Neste momento mesmo, em algumas terras da África há crianças que são mortas para satisfazer a vontade do "iran". Eu nunca tive isso na minha cabeça. Eu cresci em África, mas aprendi o seguinte: — O mais maravilhoso, o mais delicado que há no mundo, são as crianças. Às crianças devemos dar o melhor que temos. Devemos educá-las para se erguerem com o espírito aberto, para entenderem as coisas, para serem boas, para evitarem toda a espécie de maldade. Por tanto, nunca devemos lhes fazer mal algum, quanto mais matá-las. Portanto, eu tenho a obrigação de defender na minha terra todas aquelas pessoas que meterem na cabeça esse aspecto cultural.

Mas eu também, como africano, tive muitos contatos com os tugas e podia ser que eu tivesse metido na cabeça que sou filho de gente civilizada, sou civilizado, fui à escola, que nunca vivi no mato, que o mato é sujo e que eu tinha uma casa razoável, embora a minha mãe fosse pobre. Podia pensar que eu não tinha nada com a gente do mato, que eles são irmãos afastados e eu era superior a eles. Essa é a mentalidade colonial, é copiar a mentalidade dos tugas, colonialistas. Temos que combater isso, na minha cabeça ou na cabeça de qualquer outro.

Dei exemplos concretos, portanto, do que é que devemos conservar do contato com outras realidades e do que é que devemos eliminar do contato com a nossa própria realidade. Os camaradas compreenderam já, portanto, o que é a nossa resistência cultural. Ela consiste no seguinte: enquanto liquidamos a cultura colonial e os aspectos negativos da nossa própria cultura em nosso espírito, em nosso meio, temos que criar uma cultura nova, baseada nas nossas tradições também, mas respeitando tudo quanto o mundo tem hoje de conquistas para servir o homem.

Há muita gente que pensa que para a África resistir culturalmente, tem que fazer sempre aquelas mesmas coisas que já fazia há 500 anos ou há mil anos. Sim, a África tem sua cultura, de fato, essa é a nossa opinião concreta. Alguns aspectos dessa cultura são eternos, nunca acabam, podem transformar-se sempre pelo caminho, mas nunca acabarão. Por exemplo, os nossos tipos de dança, o nosso ritmo próprio de África. Mas ninguém pense que o tambor é só da África, que ninguém pense que certas maneiras de vestir são só da África, as saias de palha, de folhas de palmeira etc. Que ninguém pense que comer com a mão é só da África, sentar no chão é só da África. Todos os povos no mundo passaram por isso, e há ainda povos no mundo, no Brasil, por exemplo, que estão piores do que nós nisso, como na Indonésia, na Polinésia, no Extremo asiático.

Muita gente pensa que, para defender a cultura da África, para resistir culturalmente em África temos que defender as coisas negativas da nossa cultura. Não, a nossa opinião não é essa. É que a cultura também é o produto do nível econômico na qual um povo está. A nossa opinião é que, comer com a mão, e até cantar certos tipos de cantigas, até a maneira de dançar, dependem da vida que o povo leva, do ponto de vista de produzir, produzir riquezas, produzir coisas para ele. Por isso é que as cantigas dos balantas são diferentes das cantigas dos mandingas, por exemplo. As cantigas dos balantas analisadas a fundo, são cantigas do homem da planície. Quando comparamos as cantigas balantas com as da Europa, vemos que são parecidas com as cantigas alentejanas, lentas e em côro. Porque há certos tipos de vida econômica e meios geográficos que dão certos tipos de canções. As pessoas que vivem na montanha, têm certos tipos de canções. Quem vive sempre com o gado, tem o seu tipo de dança. Quem vive na floresta, só, sem gado, já tem outro tipo de dança. Quem vive no deserto, onde há girafas e outras coisas, o seu tipo de dança é outro. E isso, seja na África, na Ásia ou na América.

E conforme a nossa economia, o nosso desenvolvimento econômico, será o nosso tipo de relações com a natureza. Quem acredita que a vaca é um Deus, quando dança cultua a vaca. Na própria dança a vaca é apresentada como Deus. Mas quem acredita que é na floresta que Deus está escondido, a sua dança tem que ser de respeito pela floresta, as canções trazem uma música especial e palavras especiais em relação a isso. Isso repete-se no mundo inteiro, onde há a situação econômica concreta dessas relações com a natureza. As canções e danças de quem ainda tem medo dos relâmpagos, das cheias dos rios, das trovoadas, são de um certo tipo. Podem ter uma ou outra diferença mas são parecidas. Claro que se compararmos as nossas danças com as danças da Europa, das cidades, etc., vemos que não são nada parecidas, são danças ultra-modernas, mas se compararmos com o folclore, quer dizer, com as artes e costumes de outros povos da Europa oriental ou então na Ásia ainda mais, encontramos algumas danças muito parecidas com as nossas, camaradas.

O nosso ponto de vista, portanto, é que na nossa cultura devemos nos esforçar para conservar aquilo que de fato é útil e construtivo, mas na certeza de que, à medida que avançamos, a nossa roupa, a nossa maneira de comer, a nossa maneira de dançar, de cantar, tudo tem que mudar aos poucos, ainda mais a nossa cabeça, o nosso sentido nas relações com a natureza, e até das nossas relações uns com os outros.

Medo da natureza

Por exemplo, nós africanos estamos numa situação tal que precisamos de segurança porque ainda não dominamos a natureza. Então precisamos daquilo que se chama *segurança orgânica*. A segurança orgânica é tanto maior quanto maior for o número de pessoas que estão perto de nós. Se eu estiver só no mato, fico com medo, mas se estiver com várias pessoas é melhor. Mas essa segurança orgânica tem uma contradição, é que não se confia nem mesmo naqueles que estão à nossa volta. Há tanta necessidade de segurança que sempre se necessita de alguém junto de nós, mas como a segurança não está garantida, a necessidade de segurança é tão grande, que se começa a desconfiar daqueles que estão connosco. Então acontece isso em nosso meio, mesmo com uma pessoa em quem se tem confiança. Ontem confiávamos nela, mas quando ela vem e nos dá a mão, desconfiamos dessa mão. Dá-se-lhe a mão, mas sempre se desconfia da mão. Há até os que logo a seguir vão lavar as mãos, com receio de alguma coisa má. Desconfia-se até dos olhos. E há gente em nosso meio que se aproveita disso sempre para nos arregalar os olhos. Me lembro do nosso camarada L... forte, valente, brigão, às vezes, chefe do nosso Lar no tempo de preparação dos camaradas. Havia um pobre coitado em Conakry, que acreditava ser mouro, que andava com os oportunistas daquele tempo. A verdade é que não era boa peça, e o L... tinha um medo grande dele, queria só bater-lhe. Um dia, ele foi para os lados do nosso Lar, o L. avança sobre ele, descompondo-o, etc. O tipo puxou um chifre, apontou para o L e disse-lhe "ah!" L... logo voltou para trás com medo do chifre.

Camaradas, nós rimos disso agora, mas muitos dos que estão aqui sentados ainda têm medo do chifre. Hoje nós rimos e temos medo, mas temos a certeza de que amanhã em nossa terra, os filhos do nosso povo na Guiné e em Cabo Verde, onde também ainda há muito medo no mato — não pensem que quando chegam os meninos de S. Vicente com as suas manias, ou da Praia, que no mato em Cabo Verde não há medo também, medo dos mouros. A minha mãe, uma vez que adoeci, me levou ao mouro porque pensava que alguém talvez me tivesse feito mal. Medo de tirar cartas, medo de cabelos. Fazem amuletos com cabelos para se livrarem do mal —, dizia que tanto em Cabo Verde como na Guiné, os filhos do nosso povo, amanhã não terão medo de chifres. O chifre é uma coisa com riqueza em cálcio e que cresce na cabeça de certos animais, nada mais, camaradas. Se o queimarmos tem um cheiro especial, produto de proteínas e de outros produtos químicos que tem. O chifre não faz nada. Mas hoje, por mais que grite, ninguém me ouve, vocês não acreditam. Por isso, não vou cometer a asneira de lutar contra vocês nisso. Só digo que peguem firme na luta, que trabalham muito, porque os filhos de seus filhos, já não acreditarão nisso, se de fato cumprirmos o nosso dever em relação ao nosso povo, como deve ser. Porque os suecos, esses dois que vocês viram, também os pais dos pais dos pais deles acreditavam em chifres. E a maneira de enterrar os suecos antigos na terra deles, era igual à maneira de enterrar as pessoas hoje em dia na nossa terra. A maneira de enterrar os reis, nos tempos antigos, nos tempos antigos da Suécia, era igual a maneira de enterrar os nossos reis também; iam para a cova com todas as suas coisas, quando não matavam a mulher para ficar com ele. Os Vikings, que são os antepassados dos Suecos, não iam para a guerra sem mézinho. Um dia, estávamos em Cuba, Osvaldo e eu, sentados, assistindo um filme de Vikings na Televisão: eu enjoei de ver os filmes sobre Vikings, o Osvaldo estava assistindo nesse momento. Repentinamente apareceram os guerreiros e o Osvaldo disse: "mas camarada, olhe, eles têm uma data de mèzinhos! Pois claro, ninguém pense que nós, os africanos, é que sabemos muito, é que temos mèzinhos e porque temos mèzinhos é que podemos fazer a guerra. Os Vikings fartaram-se de usar mèzinhos, os Francos, camaradas, gente da França antiga, quando combateram contra César de Roma, só com mèzinhos, por todos os lados. Os Ingleses antigos, os Índios da América também. Na China, Mao Zedong teve grande trabalho para acabar com os mèzinhos e até hoje ainda não acabou. A feitiçaria ainda não acabou na China. Há grupos étnicos na China que têm feitiços. Se lerem as obras dos vietnamitas, verão que o feitiço também existe no Vietnã. Um dos grandes chefes vietnamitas disse que eles tiveram que aceitar os mèzinhos de sua gente para poderem levá-la para a luta. Com aqueles que raspavam a cabeça, nós raspávamos a nossa também antes de fazermos qualquer coisa, fazíamos as cerimônias com eles, com a certeza de que isso era errado, somente pusemos alguma coisa de racional nisso para evitarmos desgraças.

Ninguém pense que porque essas coisas existem entre nós, porque somos africanos, somos mais do que os outros, porque conhecemos mèzinhos que outros não conhecem. "Lopé", toda a gente já usou "lopé" no mundo e há os que ainda usam, por todo o lado. Bubu, panos à moda dos ganeses, em Roma era assim ou parecido. Vejam os filmes sobre os romanos, todos os seus panos, chamam-se togas, mas era um pano como qualquer outro. Sandálias e panos, nada mais. Mas hoje há pessoas que andam de pano, como se de fato só a África é que tivesse panos, só a África é que soubesse o que é pano. Isso é o reflexo de um estado desenvolvimento econômico, nada mais. É bom, é nosso mas não vamos agora pensar que é só nosso. Chegará o dia em que os filhos dos filhos de seus filhos esquecerão tudo isso. É uma pena que não vivamos o bastante para podermos constatar isso. Como hoje, nós, quando vemos as coisas dos Vikings, pensamos que eles eram doidos, não entendemos que eles viviam a própria vida naquele tempo. Não davam um passo sem consultar o feiticeiro antes. O rei andava sempre com o seu feiticeiro ao lado. Os romanos, antes de irem para o combate, nos tempos antigos, abriam a barriga de uma galinha primeiro, para ver se a ocasião era boa para fazer a guerra ou não. Havia até pessoas que chamavam "augurios", a quem os chefes consultavam para saber se podiam ou não ir para a guerra.

Havia na Grécia Antiga, que foi o centro da civilização do mundo, feiticeiras que viviam na montanha, chamadas "pitonisas", que eram consultadas para se saber o destino das guerras, das pessoas, etc., e o povo levava ofertas a elas, porque Deus estava dentro delas. É como o nosso "iran" de Cobiana, camaradas. Mas isso foi há três mil anos atrás, na Grécia. Quanto mais no Egito Antigo, todos os faraós tinham os seus feiticeiros e Deus era um boi, o "boi Ápis", a vaca era intocável, por ser sagrada, como na

Índia ainda hoje. Na Índia não comem vacas, há gente que morre de fome diante de sua vaca, porque não se pode matar, por ser um Deus. Leva-se a vaca ao rio para lavar, e toda a gente entra na água com ela, para se lavar na água de Deus.

Desenvolvimento de ideias novas

Temos que entender isso bem, para podermos fazer a nossa resistência cultural, naquela base que de fato devemos fazer a nossa resistência cultural. Devemos limpar da nossa terra toda a influência nociva da cultura colonial, camaradas. E o primeiro ato da cultura que devemos fazer na nossa terra é o seguinte: unidade do nosso povo, necessidade de lutar e desenvolver em cada um de nós uma ideia nova que é o *patriotismo*, o amor pela nossa terra, como uma coisa só. Essa é a primeira parte da cultura que devemos dar à nossa terra. E devemos mostrar o valor que tem resistirmos ao inimigo, ao estrangeiro na nossa terra. Juntarmos as nossas forças para não permitirmos que o nosso povo, os filhos da nossa terra, sejam pisados, humilhados por outra gente. Entender claramente que nós, na nossa terra, temos direitos iguais aos de qualquer outra gente em sua própria terra. Esse é um grande avanço da nossa cultura. Se conseguirmos fazer isso, e vamos fazê-lo em pouco tempo, a própria guerra vai fazê-lo na nossa terra.

Além disso, camaradas, devemos elevar no espírito de cada um, sobretudo no espírito de cada combatente, o valor do *heroísmo*, ser capazes de ter coragem para cumprir rigorosamente as palavras do Partido. Se for preciso matar o inimigo em dado lugar, ir e matá-lo de fato. Isso é que é cultura camaradas. Quando um homem é capaz de fazer isso, é culto de fato. E na medida em que um grupo de homens como estes que aqui estão, diante de um dado fato, são capazes de se unirem como se fossem um só homem, esses são muito cultos.

Vejam, por exemplo, isto: a nossa população mandinga tem muitas rixas entre eles, muita conversa, uns têm a mania que são mais do que os outros, puxa-puxa, roubos, até se diz que os mandingas quando dizem uma coisa, estão efetivamente pensando o contrário. Por isso, parece uma população dividida. Mas diante de um ato cultural como rezar, por exemplo, eles parecem um homem só. Em outro grupo étnico, por exemplo, diante do "iran" é escusado. Por exemplo, se dissermos a um balanta ou a um manjaco o seguinte: "olha o Bobô é um bom rapaz", ele logo diz que essa pessoa é amiga do Bobô e repete a mesma coisa a outros. Uns acreditam e outros não. Mas se dissermos que o iran de Cobiana disse tal coisa, mesmo que estejam na União Soviética ou em outro lugar qualquer, basta que alguém diga que o "iran" disse alguma coisa e todos acreditam, mandingas, mancanhas, papéis, balantas, todos. Vocês vêem, portanto, como é que, diante de uma situação cultural, um povo é capaz de se unir, sendo um povo tão dividido como o nosso povo era.

Por isso é que quando nós dizemos que somos capazes de nos unir para resistir ao nosso inimigo, estamos elevando a nossa cultura. Isso é também uma prova de que temos cultura de fato e temos de ser capazes, como Partido, como organização política, de elevar cada dia mais no espírito da nossa gente, na Guiné e em Cabo Verde esta ideia concreta: só é filho do nosso povo aquele que é patriota. E mais longe ainda, nesta fase da nossa luta, aquele que tem amor pelo nosso Partido. Isso é que é cultura na nossa terra hoje em dia. Fundamental na nossa cultura hoje, não é ensinar a ler e a escrever, isso é preciso também, já falámos sobre, não é fazer o segundo grau. E entender bem o que é que o nosso Partido quer, o que é que nós queremos, o que é que procuramos, o que é que fazemos, o que é a nossa luta, para onde vamos. Isso é que é importante, camaradas. Ser capaz de dar sua vida. Aquele que hoje é capaz de dar a sua vida para o nosso Partido sem pedir nada, esse é um homem culto na nossa terra agora.

E diante dessa luta podemos comparar, por exemplo, diversas raças da Guiné para vermos qual é a mais ou menos culta. Às vezes aparecem como menos cultos aqueles que sabem mais de certas coisas. E qualquer Mané ou N'Bana lá do meio do mato, que pegou firme em seu trabalho, é mais culto que um Alvarenga ou um outro qualquer muito instruído que continuou atrás dos tugas. Porque ele corresponde àquela relação de homem na sociedade e do homem em relação à natureza, que serve ao interesse do seu povo, para amanhã conquistar um nível de vida mais alto. Isso que é cultura, camaradas. Entender de fato a situação concreta da sua terra para transformá-la no sentido do progresso.

Devemos incutir no espírito de cada um a certeza da nossa vitória, confiança nela. Esse é um ato cultural, também, camaradas. Aguentar cada um, para não desistir nunca, para não desesperar diante de nenhuma derrota, porque não há nenhuma luta que não tenha derrotas. Na nossa luta também há derrotas, mas isso faz parte da luta, por isso é que é luta. Mas devemos aumentar cada dia mais a confiança na vitória, devemos fazer tudo para desesperar o inimigo, para desesperar os agentes do inimigo, para lhes mostrar que não tem jeito, ele vai perder com certeza. Isso que é cultura, camaradas.

E nós devemos, na base do amor pela nossa terra e pelo nosso povo, na base do amor pelo nosso Partido, desenvolver as nossas danças, as nossas cantigas, as nossas músicas, fazer teatros, acrobacias mesmo, imitações de outra gente, etc. Por exemplo, quando imitamos os colonos, o senhor fulano de tal etc., isso é muito importante. Devemos desenvolver tudo isso, ao serviço da nossa luta, ao serviço da nossa causa de hoje, com um conteúdo, quer dizer, com fatos e palavras novas.

Esse é o grande valor, por exemplo, das cantigas que os balantas, os beafadas, os mandingas e outros, o crioulo, o mancanha, o papel, etc., ou das mornas e coladeiras que já se fizeram na base da nossa luta, exaltando o nosso Partido, o nome dos nossos combatentes corajosos, cantando as nossas armas, batalhas, ataques contra os aviões tugas, etc., mostrando o longo caminho do nosso povo nesta guerra. Essa que é a nossa cultura, isso é que devemos desenvolver hoje em dia.

Paralelamente, devemos avançar, claro, para abrirmos a cabeça da nossa gente, em relação à literatura, à ciência, etc. Porque nós sabemos que os analfabetos não podem fazer uma terra boa. É preciso gente que lê e escreve. Toda a gente que sabe ler e escrever deve ensinar aqueles que não sabem. Há muito tempo que o nosso Partido lançou essa palavra de ordem e há muito tempo que começamos a abrir escolas, a melhorar a preparação dos professores, a formar quadros para podermos avançar no caminho dos conhecimentos científicos da vida e do mundo.

Desenvolvimento de uma cultura científica e popular

A nossa cultura nova, na escola ou fora dela, temos que colocá-la a serviço da nossa resistência, a serviço do cumprimento do programa do Partido. Tem que ser assim, camaradas. A nossa cultura deve se desenvolver no nível nacional, da nossa terra. Mas sem desprezar, nem considerar menos, a cultura dos outros, e com inteligência, aproveitando da cultura dos outros tudo quanto é bom para nós, tudo quanto pode ser adaptado às nossas condições de vida. A nossa cultura deve se desenvolver em uma base científica, quer dizer, não acreditar em coisas imaginárias. A nossa cultura deve evitar que amanhã qualquer um de nós possa pensar que o relâmpago é uma amostra de que Deus se enraiveceu, que a trovoada é a voz do céu que fala ou o "iran" furioso. Na nossa cultura toda a gente tem que saber amanhã, embora façamos baile quando há trovoadas, que trovoada são duas nuvens que se chocam, uma carregada de eletricidade positiva e a outra de eletricidade negativa, e quando se chocam provocam uma faísca que é o relâmpago e um barulho que é a trovoada. Como quando se pega dois fios elétricos, positivo e negativo, e se encosta um ao outro, que faz uma faísca. Isso é que é o relâmpago no céu, na eletricidade das nuvens. O barulho é o encontro de duas nuvens, que se chama trovoada.

Tanto é assim que, tendo em conta a velocidade do som, no ar, quando se ouve a trovoada pode-se fazer o cálculo para saber onde é que uma nuvem se encontra com a outra, porque a luz anda mais depressa que o som. Vê-se o relâmpago e depois de um bocado ouve-se o barulho da trovoada. Entre o momento em que se vê o relâmpago e o momento em que se ouve o barulho, se for por exemplo de 5 segundos, podemos calcular onde é que as duas nuvens se encontram, a que distância de nós, porque a velocidade do som no ar é de 340 metros por segundo. Portanto, se no momento em que se vê o relâmpago se contar os segundos, por exemplo, multiplicam-se cinco por 340 e obtém-se 1700 metros. Quer dizer que foi à distância a 1700 metros de onde estamos que as duas nuvens se encontraram e provocaram uma trovoada e o relâmpago.

O raio não é mais que uma faísca elétrica, que por condições especiais cai na terra e pode vir com força suficiente para destruir um bocado, como aliás podemos fazer qualquer coisa rebentar dentro da casa com a corrente eléctrica. Ou então pode vir com pouca força, entrar em qualquer sítio, passar e desaparecer. Pode mesmo passar em um corpo humano e desaparecer no chão, porque a terra também é carregada de eletricidade, e como é eletricidade contrária, atrai a faísca. Por isso é que se põe pára-raios em cima das casas, para que o raio entre lá e passe diretamente para a terra, sem fazer mal a ninguém.

Camaradas, temos que basear a nossa cultura na ciência. Temos que tirar da nossa cultura tudo o que é anti-científico, mas não hoje ainda, amanhã. Mas se trabalharmos bem hoje, temos a certeza de que amanhã isso será possível.

A nossa cultura tem que ser popular, quer dizer, cultura de massas, toda a gente tem direito à cultura. Além disso, respeitando aqueles valores culturais do nosso povo, que merecem ser respeitados. A nossa cultura não pode ser para uma elite, para um grupo de pessoas que sabe muito, que conhece as coisas. Não. Todos os filhos da nossa terra, na Guiné e em Cabo Verde, têm que ter direito a avançar culturalmente, a participar nos nossos atos culturais, a manifestar e a criar cultura.

Devemos fixar em nosso espírito, a situação comparativa da cidade e do campo. Devemos notar que, enquanto em nossas cidades se desenvolveram dia a dia os costumes estrangeiros, uns bons outros maus, — mas a nossa tendência geral foi para aproveitar os maus: alcoolismo, prostituição, banditismo, trapaça, assaltos, ladrões de certo tipo, etc. — no nosso mato a vida é mais pura, embora não queira dizer com isso que não haja gente que roube. Mas há uma diferença grande entre um ladrão em Bissau e um ladrão balanta que rouba em qualquer lado. O ladrão balanta, em geral, rouba a não ser depois que os colonialistas vieram, já com a influência dos colonialistas, mas em geral ele rouba sem interesse de ficar com aquilo que rouba, o que lhe interessa é roubar. Por isso mesmo é que muitas vezes ele rouba uma coisa, passa-a a outro e nunca mais vê essa coisa, porque o furto nos costumes balantas é um esporte, é para mostrar capacidade, inteligência. Se eu tenho estes óculos, guardo-os bem, mas uma pessoa assim pensa: hei-de jogar até conseguir apanhá-los sem ele sentir. Essa pessoa mostra que tem uma capacidade grande, maior do que a minha, capaz de me enganar. Esse é o significado do roubo balanta. É roubar como um exercício intelectual, como um exercício de capacidade física e intelectual, sem nenhum interesse de ter aquilo que rouba. Por isso mesmo, um jovem balanta, quando chega o momento de festejar a sua passagem para a vida adulta, pode contar os roubos que fez, para mostrar seu valor, sua capacidade e os homens grandes gabam-no e ficam contentes se se trata de um filho seu, porque é uma pessoa de muita categoria. Roubos nas cidades, não. O ladrão da cidade rouba para dar de comer à sua gente, ou então para se enriquecer. Além daquele outro tipo de roubos que no comércio, por exemplo, é legal, roubo legal.

Devemos saber comparar o nosso mato com a nossa cidade, para evitarmos que todas as impurezas das cidades venham para o mato e para levarmos para as nossas cidades as purezas que possam existir no nosso mato. Repito que isso não quer dizer que no mato não haja coisas más. Há muitas coisas más, até questões de sacrifícios, do bater nas crianças, etc. É medonha a maneira como se bate nas crianças em nossa terra. Temos que combater isso também. Não podemos partir do princípio que o mato é puro, que não tem nada mal e que a cidade que é má. Não, tanto na cidade como no mato há coisas más, e coisas boas, só que, comparativamente, a cidade é menos pura do que o mato. E temos que trabalhar para fazer progredir o nosso campo cada dia mais, tanto no plano cultural, como em outros planos.

Desenvolvimento da ideia de perfeição

Temos que desenvolver em nosso povo inteiro, camaradas, desde hoje, em nossos combatentes, como em nossos militantes e em nossa população, esta consciência: quando um ser humano faz um trabalho, deve fazê-lo bem, perfeitamente, o mais rápido possível e da maneira mais simples. Devemos desenvolver em nosso espírito, no espírito da nossa gente, a ideia de perfeição. Nós não temos ainda muito bem o espírito da perfeição. Vejam aquela cortina, não há um camarada que seja capaz de ver isso e se levantar para arrumar. Um prego que se põe na parede, uma roupa que se faz, se fica torto, não é problema para nós. Nós não temos bem a ideia de perfeição. Temos de combater esse espírito, para incutir em nossa gente o espírito da perfeição. Se é uma emboscada que fazemos, vamos fazê-la o melhor possível. Um camarada que foi à preparação no estrangeiro, ou que já tem conhecimento suficiente, sabe como se faz uma emboscada: deve colocar tal arma em tal lado, outra arma em tal lado, tantos homens ali, tantos lá, tantos de reserva, etc., atacar o inimigo em tal ponto. Quantos camaradas fazem isso? Quando fazem bem os resultados são extraordinários, mas os camaradas em geral não se lembram disso.

Tanto em uma emboscada como em uma reunião em que tenham que falar. Numa reunião, o camarada tem que falar, mas nem apontamentos toma, nada, fica só inventando. Ele pode se valer muito da conversa, mas tem que estudar um bocado, lembrar as coisas. Hoje há uma reunião com a tabanca tal, é preciso sentar-se e pensar nos problemas que há com essa tabanca, tomar as notas necessárias. É um comissário político, o Partido tem confiança nele, ele é o Partido neste momento; como é que ele vai conversar só por conversar? É preciso estudar. Não é preparar um discurso inteiro, não vale a pena fazer um discurso inteiro para a nossa gente, no mato. E às vezes vale a pena, mas é preciso tomar notas dos vários problemas, pensar nos problemas que se vai discutir. Isso é muito importante. Reuniões de responsáveis em que cada um quer ir para a reunião, mas que ninguém sabe o que vai dizer lá.

Ou então fazem a reunião da seguinte maneira: vários responsáveis reúnem-se no Norte ou no Sul da nossa terra, para decidirem o quê? As palavras de ordem do Partido. Há camaradas que me mandam relatórios de reuniões e quando vamos ver o que decidiram, são coisas que estão nas palavras de ordem do Partido, que eles não leram. Mas decidiram muito menos e pior do que já estava, ainda por cima. Quando se faz uma reunião de responsáveis é para tratar o seguinte: em que medida já cumprimos as palavras de ordem do Partido? Tomam-se notas e discute-se. Ou então surgiu um problema qualquer no Comitê Inter-Regional, tomaram-se notas antes para se discutir.

Perfeição em nosso trabalho, isso é muito importante, mas perfeição mesmo em nossa maneira de vestir. Quantas vezes eu digo aos camaradas para arrumarem a gola, botar a camisa para dentro. Um povo que luta por sua independência, por sua dignidade, desde hoje tem que andar com os pés limpos. Quando se anda na lama, paciência, mas quando saímos da lama, vamos lavar os pés. Roupa limpa, é só uma, despe-se e amarra-se um pano, lava-se e torna-se a vestir limpo. Pentear o cabelo. Se não há pente, façam um pente de pau se for preciso, se não puder comprar. Mas há camaradas que parecem ter orgulho do cabelo todo despenteado. Parece uma coisa que não tem importância, mas tem. Para a nossa dignidade, para abrir novos caminhos na vida, tem uma grande importância a maneira como nos comportamos.

Os tugas, antes, diziam que nós éramos muito sujos, mas quando nos vestíamos bem, chamavam-nos doutores, "preto com manias de doutor". Era essa a posição dos tugas. Mas nós não temos esse complexo, nós somos contra tudo o que é sujo, somos contra a porcaria. Me admira, por exemplo, como alguns camaradas são capazes tanto de se deitarem na cama como no chão. É a mesma coisa para alguns camaradas nossos. Felizmente não são todos. Mas tanto faz o quarto estar cheio de lixo, como estar limpo. Até Camaradas responsáveis, por exemplo, não são capazes de pegar para limpar no meio da sujeira, mas são capazes de dar a vida por sua terra, e não são capazes de limpar um chão, não são capazes de varrer, de por um quintal limpo, incapazes de fazer um jardinzinho que seja, quando, apesar de todo o trabalho, há tempo para isso.

Há camaradas nossos em nossa terra, que fizeram a sua base bonita, bem arranjada, e nunca, mesmo sendo contra as bases, nunca eu lhes disse nada, porque vi um esforço, uma vontade de arranjar. Mas outros não querem saber. Quando um homem ou uma mulher querem dar a sua vida por uma causa, têm que estar limpos, em um ambiente limpo, fazer com que todos aqueles que os rodeiam sejam limpos. Porque só assim é que o seu espírito pode ser cada dia mais limpo.

Temos que ter noção do tempo, em nossa cultura, em nossa ação. Não fomos nós que inventamos o relógio, mas temos que ter a noção do tempo, camaradas. Os nossos camaradas, nós em geral, contrariamente ao nosso povo, que sabe bem, muito bem, o que é o tempo, porque, por exemplo, ele sabe que se não lavrar até uma determinada época, passa mal, que tantos dias depois das primeiras chuvas tem que semear, senão está mal. Tantos dias depois de a planta crescer à beira da casa, o arroz de viveiro, tem que passá-lo para a bolanha, senão já não pega bem. Tanto tempo depois de abrir a bolanha, de cortar o tarafe,[24] pode começar a plantar, antes não, porque ainda tem sal, etc., etc.

Muitos dos nossos camaradas hoje não têm a menor noção do tempo. Se é preciso levantar-se às cinco da manhã, levantam-se às nove. É preciso fazer uma emboscada a partir das quatro da tarde, mas nesse dia não chegam lá, aparecem só no dia seguinte e verificam que os tugas já passaram. É preciso atacar tal caserna às seis da tarde, mas chegam às altas horas da noite, ou então se era para o meio dia chegam à tarde e deixam para o dia seguinte. No dia seguinte chegam nas mesmas condições. Quantas vezes os nossos comandantes têm falhado em ataques ou emboscadas, só por causa de atraso. Alguns atrasos são justificáveis, porque as nossas condições são difíceis, mas outros são apenas falta de interesse, falta de consciência, falta de ordem, de decisão.

---

[24] Arbusto dos terrenos incultos do litoral, existente em quase todas as ilhas do arquipélago de Cabo Verde.

Às vezes se dá a um camarada uma missão para levar uma carta a tal lugar rapidamente. Pelo caminho, se encontra uma razão qualquer, de divertimento, pára logo três ou quatro dias. Um dia há de chegar lá. Não pode ser. Assim, nem ganhamos a guerra, quanto mais construir uma terra. Temos que ter noção do tempo. Os camaradas comissários políticos, de segurança, etc., têm que estar pontualmente em cada lugar. Que ninguém me venha dizer que não tem relógio e que por isso não pode ser pontual. Nós não precisamos de relógio para chegar na hora. Podemos decidir encontrar-nos quando o sol estiver alto. Na nossa terra há sol. Quando o galo cantar pela primeira vez, tem que se levantar. Quando o sol estiver a pino temos que ir. Não é preciso relógio para respeitar o tempo, camaradas. O relógio é para ajudar os camaradas um pouco mais. O nosso povo viveu durante séculos sem relógio, mas aquilo que pôde fazer nas condições econômicas em que estava, fez. Não foi o relógio que fez o povo da Europa avançar, não. Foi o trabalho a horas, e avançaram tanto, que criaram o relógio, o relógio moderno, porque o relógio antigo toda a gente tem, basta espetar um pau no chão, porque a sombra diminui e dá a volta ao pau, e conforme o ponto onde está a sombra, assim é a hora. É um relógio de Sol. A sombra de uma pessoa pode ser um relógio, porque de manhã, a sombra está de um lado, à tarde a sombra está do outro lado. Muita gente diz que no meio-dia se perde a sombra, porque ela fica debaixo dos pés, o sol está a pino, por cima de nós.

Temos que trabalhar muito, camaradas, para aproveitarmos o tempo. Temos que procurar ser práticos em nosso trabalho, temos que incutir no espírito dos nossos camaradas a ideia de praticidade. É preciso deixar de complicar as coisas. Ou então, perder em nosso espírito a interpretação mágica da realidade, quer dizer, nós temos ainda certas maneiras de pensar que se nos sentarmos e discutirmos muito bem um assunto, em que todos estão de acordo, pensamos que a coisa já está feita, ficamos contentes como se tivéssemos de fato feito essa coisa e se for preciso até fazemos uma festa, porque a discussão foi muita boa. Mas acaba a discussão, cada um sai satisfeito da vida, porque vão fazer um bom trabalho, mas não tratam de fazê-lo porque já está em sua cabeça.

Mas se repararmos bem, vemos que isto corresponde à nossa própria vida, nós estamos convencidos de que os mouros ou feiticeiros são capazes de nos apontar o dedo e nos derrubar. Mais tarde ou mais cedo veremos que é mentira, não são capazes de nada. Mas isso está em nossa cabeça, pensamos nisso e acreditamos. E tantas outras coisas mais. Assim também, nós pensamos em uma emboscada, ficamos muito satisfeitos, mas não tomamos nenhuma medida prática para tudo correr bem, sem falhas, porque em nossa cabeça tudo está bem, porque na nossa interpretação, mágica de realidades, acreditamos.

Temos que combater isso em nosso meio, temos que o fazer todos, como alguns camaradas fazem. Discutir, mas por em prática corretamente, como deve ser, sem falhas, porque a nossa desgraça é começar e não terminar. Quando começamos uma obra, vamos com todo o entusiasmo, por exemplo, vamos fazer um armazém subterrâneo para guardar material. Começamos com entusiasmo, mas passado um tempo, paramos e toda a gente esquece. Vejam a África independente, quanta coisa iniciada que não acabou. Porque para nós, basta meter a coisa na cabeça e pronto, não se pensa mais nisso. Quanta coisa que nós planejamos dentro da nossa luta, no plano político, no plano militar, na instrução, na saúde, que não fizemos. Começamos, mas surgiu uma só dificuldade e já não avançou. Temos que combater isso com força, com força grande.

Podemos dar exemplo de muitas coisas iniciadas que não foram acabadas. Os povos que começam uma coisa e não acabam, as organizações que começam uma coisa e não acabam, das duas uma: ou reconheceram que não valia a pena fazer ou então não foram capazes de a acabar. Se reconhecerem que não valia a pena fazer, estão fazendo uma coisa que não deviam fazer, por certo estudaram mal o problema. Antes de começarmos a fazer uma coisa, devemos estudá-la bem, para sabermos se vale ou não a pena fazê-la e não começar para depois abandonar. Isso é uma perda de energia, é esbanjamento. Ou então acontece que não se pode acabar. Mas quem não pode acabar uma coisa que começou a fazer, então está desgraçado na vida, porque não pode fazer nada. Temos que combater isso, camaradas.

Portanto, perfeição, aproveitar bem o tempo, ter o sentido prático das nossas realizações, capacidade de realizar até ao fim cada obra, cada coisa que temos para fazer, é muito importante, fundamental na nossa cultura, camaradas. Novos elementos para a nossa cultura, na nossa terra. Porque mesmo que seja preciso uma semana inteira para fazermos uma emboscada bem feita, em um ponto da estrada, devemos fazê-la, uma semana inteira, um mês inteiro. Devemos organizar as nossas tropas de maneira que um grupo esteja sempre naquela estrada, rondando, mudando, etc., mas tem que ser sempre assim. Se sabemos que o inimigo deve passar lá, não devemos sair, é preciso fazer o trabalho até ao fim. Não como eu já disse, chegar e fazer uma grande emboscada, esperar uma hora, duas, três, quatro horas, o inimigo não vem. Uns dizem que vem, outros que não vem e acabam por ir embora. Depois o inimigo passa e vai abastecer o seu quartel. Nos rios a mesma coisa. A hora do ataque tem de ser a hora que foi marcada. Se não, para que marcar a hora? Um ataque foi marcado para às cinco horas, mas passam às cinco, às seis e até outro dia, e o ataque não se fez. Para quê os camaradas brincam com a sua cabeça? Para quê? Nós marcamos para às cinco horas, depois de termos a certeza de que é mesmo às cinco, marcamos para às dez depois de termos a certeza de que pode ser para às dez horas. Além disso, conhecendo o inimigo como o devemos conhecer, sabemos qual é a melhor hora para o atacarmos. Devemos aproveitar isso ao máximo.

Construção de uma vida nova

Devemos ser capazes de fazer uma grande propaganda da nossa resistência, isso também é um ato de cultura. Por todos os meios que dispomos. Por isso mesmo é que uma das maiores vitórias do nosso Partido, é a nossa Rádio Libertação, o nosso Jornal, a nossa Imprensa, a nossa Informação, tanto para dentro como para fora da nossa terra. Nós todos sabemos a força, o valor que tem a nossa Emissora do Partido, que faz propaganda para a nossa gente e que nós devemos ser capazes de melhorar cada dia, porque esse é um elemento essencial, um meio essencial para a nossa propaganda, para propagarmos a nossa resistência.

E, no quadro da nossa ação, devemos levantar bem alto a bandeira contra o analfabetismo na nossa terra. Estamos contentes porque muitos camaradas já melhoraram os seus conhecimentos nesta luta. Muitos homens grandes da nossa terra aprenderam a ler e escrever, quanto mais os rapazes. Hoje é raro aparecer um bigrupo que não tenha alguém que não sabe ler e escrever, mas antes eram muitos os que não sabiam. Havia muitos bigrupos em que quase ninguém sabia ler e escrever. Devemos reforçar cada dia mais a aprendizagem.

Mas há muitos camaradas que têm o segundo grau, o primeiro grau, o segundo ano, e então doutores que podem passar dias e dias com outros camaradas, sem fazerem nada, ou então descansando nas horas vagas, deitados ou contando "passadas", sem se lembrarem de dizer: "camaradas, vocês não sabem nada, venham cá, que eu vou ensinar-vos". Ou "se sabem um pouco, venham que os ajudo a aprender um pouco mais. Mas os camaradas não pensam nisso, preferem contar "passadas", passear no mato, em Conakry ou em Ziguinchor, ou em Dakar.

Devemos trabalhar muito para construirmos uma vida nova na nossa terra, camaradas. Devemos, por exemplo, e o Partido já começou a fazê-lo, espalhar na nossa gente, a ideia da limpeza, da higiene, como se diz. O nosso povo é limpo, gosta muito de tomar banho, gosta de limpar os dentes, sempre, mas não são todos. Há os que não gostam muito e até mesmo podem tomar banho, mas metem-se na lama depois, por causa de certas coisas. Temos que trabalhar para mostrar ao nosso povo que sua vida, o prolongamento da sua vida, também depende muito da limpeza de sua casa. Se um povo vive misturado com a sujeira e outras coisas, está mal, porque esse meio é bom para aqueles bichos que fazem mal ao homem crescerem à vontade. Para as moscas e outros bichos que trazem muitas doenças. Devemos explicar ao nosso povo as normas de higiene. Esse é um aspecto fundamental da nossa resistência cultural.

Começamos com as nossas brigadas de saúde, mas até onde as levamos? Pouco trabalho em relação aquilo que era preciso fazer. Mas o comissário político deve ser um agente de higiene, a segurança deve ser um agente de higiene, o comandante das Forças Armadas, deve ser um agente de higiene. Chegue aonde chegar, deve exigir que se limpe. Mas mesmo em Boké, por exemplo, ou em um lar, fora, os camaradas responsáveis encontram tudo sujo quando passam e não dizem nada. Só um ou outro se preocupa com a limpeza. Não pode ser tão sujo, é preciso limpar, varrer. Temos que desenvolver isso em nosso espírito, camaradas, limpeza, higiene.

Cada responsável ou militante do Partido, deve ser um agente de higiene na nossa terra. Em qualquer lugar onde chegar, tem que exigir limpeza, e ele como bom responsável, deve ser o primeiro a pegar na vassoura se for preciso, para limpar para mostrar aos outros que não tem vergonha, que luta pela sua terra, dá sua vida para a nossa luta, mas não é capaz de viver no meio da sujeira, porque ninguém pega para limpar, porque limpar é descer de categoria. Como é que isso pode indicar ao nosso povo o caminho de fato para levantar, para sair da sujeira?

Porque se queremos uma resposta para a nossa luta, se podemos dizer que a nossa luta, na Guiné e em Cabo Verde, é para não termos mais nenhum desgraçado, também podemos dizer que é para não haver mais nenhuma porcaria, para acabarmos com a porcaria e a promiscuidade no nosso meio. Quando acabarmos com isso, já teremos avançado muito na nossa luta. Chegamos a dizer aos camaradas que convencessem a nossa gente a fazer latrinas, por exemplo. Isso não quer dizer que as latrinas é que mostram o progresso, não, a latrina não é nenhum progresso, um povo que faz as suas necessidades no mato pode ser mais avançado do que um povo que tem latrinas. Mas na medida em que se fizerem latrinas, deve-se ir avançando em outros campos, porque quando se afasta o lugar das necessidades, se evita doenças para o nosso povo. Porque sabemos que há lugares onde, para uma pessoa passar, tem que tapar o nariz, senão... Mas em outros países africanos também é assim; mesmo em algumas cidades, há lugares onde ao passar é preciso tapar o nariz. Sujeira para todo o lado. Nós que estamos dispostos a morrer em uma luta, para o nosso progresso e a felicidade do nosso povo, temos que ser capazes de limpar, porque é mais fácil limpar do que morrer.

Claro que em nossas escolas temos que tirar tudo que foi feito pelos colonialistas, que mostram a mentalidade deles. Começamos a fazê-lo já, editando livros novos, falando do nosso Partido, da nossa luta, da nossa terra, do presente e do futuro do nosso povo e de seus direitos. Há camaradas que pensam que para ensinar bem às nossas crianças, não devemos falar do nosso Partido. Que ideia! A pedagogia que quer isso, não é pedagogia nenhuma. Para nós, a pedagogia é aquilo que ensina as crianças a nossa luta, os direitos do nosso povo, o Partido, o Hino do nosso Partido, o valor do nosso Partido, além do A, B, C, o Gato e a raposa, o Lobo e o Chibinho, etc. Mas o Partido também deve estar presente lá; a direção do Partido, os dirigentes do Partido, a força da nossa luta, a força do nosso povo, a força do nosso Partido, os deveres da nossa gente.

No meu tempo de escola, ensinava-se o nascimento de Jesus Cristo, que Virgem Maria teve um filho ficando virgem e eu até repetia isso, e até parece que entendia disso naquele tempo. O milagre de ascensão, nos livros adotados naquele tempo, milagres, como o das rosas e tudo o mais. Porque é que, se naquele tempo se ensinavam os milagres às crianças, nós não podemos ensinar esse milagre maior da nossa terra: homens e mulheres que se reuniram para mobilizar o nosso povo para a luta, para acabar com o sofrimento, com a miséria, com a desgraça, com as bofetadas, os pontapés, o trabalho forçado, etc.? Quem não é capaz de entender isso? Qualquer menino é capaz.

E nós devemos fazer de cada responsável e militante do Partido que tem algum conhecimento, um professor. Não é só o professor das escolas que tem obrigação de ensinar; qualquer um, comandante, membro da direção do Partido, comissário político, de segurança, enfermeiro, qualquer um, tem obrigação de ensinar, sempre, falando ou esclarecendo, explicando, ajudando, camaradas. Só assim podemos avançar. Não devemos deixar o trabalho de ensinar só aos professores. Devemos aproveitar cada conversa de um camarada — e os camaradas que lidaram muito comigo, que me conhecem bem, sabem que é assim que eu costumo agir na vida —, seja de que nível for, fazer dela um estudo, uma lição. Um ou outro, aprende. Cada conversa nossa tem que ser uma lição, assim podemos ganhar tempo, podemos avançar. Mas se nos sentarmos apenas para "contar passadas" do "pelon", de Mansoa, ou de outro lado, sem pensarmos em aprender, perdemos tempo e não avançamos, camaradas.

Devemos evitar o complexo de superioridade da parte daqueles que sabem alguma coisa e o complexo de inferioridade da parte daqueles que não sabem. Porque uma pessoa que é capaz de ensinar, não deve afastar-se de ninguém, quanto mais agora e do nosso povo. Pelo contrário, devemos mergulhar no nosso povo cada vez mais. Eu expliquei aos camaradas que vão estudar e voltam, por exemplo, que até agora tem havido duas tendências: uma é a daquele que vem, que se infiltra no meio da nossa gente, mas confunde-se tanto com a nossa gente, que comete os erros próprios da nossa gente. Outros vêm engenheiros formados, e querem logo ser dirigentes. Era o Bôbô Keita que mandava? Mas como? O Bôbô não tem o meu nível, eu sou engenheiro e ele quase não foi à escola, de maneira que tem de ficar de fora, só faz erros, etc., etc., atrapalhou o trabalho do nosso Partido, estragou tudo. São dois extremos que nós não queremos. O que nós queremos é que aqueles que foram estudar, que adquiriram mais conhecimentos respeitem os nossos dirigentes, porque eles é que são os dirigentes de fato, mesmo se não foram à escola. Mas se viu alguma deficiência, deve chegar em meio aos camaradas para ajudar a elevar cada vez mais, melhorar o nível das nossas coisas. Isso é de uma pessoa que sabe mais, que aprendeu mais do que os outros e que vem nos ajudar. Misturar-se, confundir-se, mas não esquecer que é preciso ajudar a elevar, cada dia mais.

Contra o oportunismo na cultura: o problema do ensino das línguas

Devemos combater tudo o que for oportunismo, mesmo na cultura. Por exemplo, há camaradas que pensam que, para ensinar na nossa terra é fundamental que seja em crioulo. Outros pensam que é melhor ensinar em fula, em mandinga, em balanta. Isso é muito agradável de ouvir. Os balantas, se ouvirem isso, ficam muito contentes, mas agora não é possível. Como é que vamos escrever balanta, agora? Quem é que sabe a fonética do balanta? Ainda não se sabe que é preciso estudar primeiro, mesmo o crioulo. Eu escrevo, por exemplo, *n'ca na bai*. Um outro pode escrever, por exemplo, *n'ka na bai*. Dá na mesma. Não se pode ensinar assim. Para ensinar uma língua escrita, é preciso ter uma maneira certa de escrevê-la, para que todos o façam da mesma maneira, senão é uma confusão do diabo.

Mas muitos camaradas, com sentido oportunista, querem avançar com o crioulo. Nós vamos fazer isso, mas depois de estudarmos bem. Agora, a nossa língua para escrever é o português. Por isso é que tudo vale a pena ser falado aqui, tanto o português como o crioulo. Não somos mais filhos da nossa terra se falarmos crioulo, isso não é verdade. Mais filho da nossa terra é aquele que cumpre as leis do Partido, as ordens do Partido, para servir bem o nosso povo.

Ninguém deve ter complexo porque não sabe balanta, mandinga, papel, fula ou mancanha. Se souber, melhor, mas se não sabe, tem que fazer com que os outros o entendam, mesmo que for com gestos. Mas se trabalha bem no Partido, vai para a frente. Porque quem é que sabe mais manjaco do que o traidor Joaquim Batican? Camaradas, quem sabe mais fula do que o traidor Sene Sané? Quem sabe mais "dotorindade" dos fulas do que o traidor Tcherno Rachid? Camaradas, tenham paciência, mas quem é que sabe mais balanta que o traidor Fuab? Temos que ter coragem de contar aos camaradas as coisas claras. Os nossos valores, sim senhor, mas sem oportunismo.

Temos que ter um sentido real da nossa cultura. O português (língua) é uma das melhores coisas que os tugas nos deixaram, porque a língua, não é prova de mais nada, senão um instrumento para os homens se relacionarem uns com os outros. É um instrumento, um meio para falar, para exprimir as realidades da vida e do mundo. Assim como o homem inventou o rádio para falar à distância, sem falar com a língua, só com sinais, o homem através do tempo de seu desenvolvimento, começou a falar, a necessidade de comunicar-se o fez começar a falar. Desenvolveu as cordas vocais, etc., até falar. E como a língua depende do ambiente em que se vive, cada povo criou a sua própria língua.

Se repararmos, por exemplo, na gente que vive perto do mar, a sua língua tem muita coisa relacionada com o mar. Quem vive no mato, a sua língua tem muita coisa relacionada com as florestas. Um povo que vive no mato, por exemplo, não sabe dizer bote, não conhece o bote, não vive no mar. Por exemplo, na língua de certos povos da Europa, as coisas do mar, da navegação, são ditas como em português, porque os portugueses viviam junto ao mar. Tudo isso tem a sua razão de ser.

A língua é um instrumento que o homem criou, através do trabalho, da luta, para se comunicar com os outros. E isso deu-lhe uma grande força nova, porque ninguém mais ficou fechado consigo mesmo, passaram a se comunicar, uns com os outros, homens com homens, sociedades com sociedades, povo com povo, país com país, continente com continente. Que maravilha! Foi o primeiro meio de comunicação natural que houve, a língua. Mas o mundo avançou muito, nós não avançamos tanto quanto o mundo e a nossa língua ficou ao nível daquele mundo onde chegamos, que nós vivemos, enquanto o tuga, embora colonialista, vivendo na Europa, a sua língua avançou bastante, mais do que a nossa, podendo exprimir verdades concretas, relativas, por exemplo, à ciência. Por exemplo, nós dizemos assim: a lua é um satélite natural da terra. Satélite natural, digam isso em balanta, digam em mancanha. É preciso falar muito para o dizer, é possível dizê-lo, mas é preciso falar muito até se fazer compreender que um satélite é uma coisa que gira em volta de outra. Enquanto que em português, basta uma palavra. Falando assim, qualquer povo no mundo entende. E a matemática? Nós queremos aprender matemática, não é assim? Por exemplo, a raiz quadrada de 36. Como é que se diz raiz quadrada em balanta? É preciso dizer a verdade para entendermos bem. Eu digo, por exemplo: a intensidade de uma força é igual à massa vezes a aceleração da gravidade. Como é que vamos dizer isso? Como é que se diz aceleração da gravidade na nossa língua? Em crioulo não dá, temos que dizer em português.

Mas para a nossa terra avançar, todo o filho dela, daqui a alguns anos, tem que saber o que é aceleração da gravidade. Não explico isso agora, porque não há tempo, temos muito trabalho, mas camaradas, amanhã, para avançarmos seriamente, não só os dirigentes, todas as crianças de 9 anos de idade, tem que saber o que é a aceleração da gravidade. Na Alemanha, por exemplo, todos os meninos sabem isso. Há muita coisa que não podemos dizer na nossa língua, mas há pessoas que querem que ponhamos de lado a língua portuguesa, porque nós somos africanos e não queremos a língua de estrangeiros. Esses querem é avançar a sua cabeça, não é o seu povo que querem fazer avançar. Nós, Partido, se queremos levar para a frente o nosso povo durante muito tempo ainda, para escrevermos, para avançarmos na ciência, a nossa língua tem que ser o português. E isso é uma honra. É a única coisa que podemos agradecer ao tuga, ao fato de ele nos ter deixado a sua língua depois de ter roubado tanto na nossa terra. Até um dia em que, de fato, tendo estudado profundamente o crioulo, encontrando todas as regras de fonética boas para o crioulo, possamos passar a escrever o crioulo. Mas nós não proibimos ninguém de escrever o crioulo. Se alguém quiser escrever uma carta ao Tchutchu em crioulo, pode escrever. Somente ele na resposta que lhe mandar, vai escrever de maneira diferente, mas se faz compreender. Mas para a ciência, o crioulo ainda não serve. Mesmo em balanta, lembro-me de um camarada nosso, que infelizmente morreu, Ongo. Nós escrevíamos em português, passávamos para crioulo e ele escrevia em balanta. Porque é possível escrever balanta, uma pessoa que sabe bastante português é capaz de escrever balanta. Diz-se, por exemplo, Watna ou, então, n'calossa. Eu sei escrever, mas escrevo à minha maneira. Outra pessoa já escreve à sua maneira. Mesmo "djarama", em fula, pode escrever-se com d e j, ou pode escrever-se só com j, mas lê-se djarama porque o J no começo da palavra pode ter o valor de dj. Mas temos que arranjar uma regra, como em mandinga ou em outras línguas, é preciso arranjar uma regra primeiro. Tem que ser, camaradas, porque temos de tirar o máximo proveito da experiência de outros povos, não só da nossa própria. Mas se quisermos empregar essa experiência para a utilizarmos na nossa terra, temos que utilizar as expressões de outras línguas. Ora, se temos uma língua que pode explicar tudo isso, usemo-la, não faz mal nenhum.

Para nós, tanto faz usar o português, o russo, o francês, ou o inglês, desde que nos sirva, como tanto faz usar tratores dos russos, dos ingleses, dos americanos, etc., desde que tomando a nossa independência, nos sirva para lavrar a terra. Porque a língua é um instrumento, mas pode acontecer que tenhamos já uma língua que pode servir e que toda a gente entende. Então não vamos pôr toda a gente para aprender russo, não vale a pena, tanto mais que temos uma língua, que é o crioulo, que é parecida com o português. Se nas nossas escolas ensinamos aos nossos alunos como é que o crioulo vem do português e do africano, qualquer pessoa aprenderá português muito mais depressa. O crioulo prejudica quem aprende português, porque não sabe qual é a ligação que existe entre o português e o crioulo, mas se se conhecer a ligação que há, isso facilita aprender o português.

Temos que acabar com toda a indiferença da nossa gente em matéria de cultura, com consciência nas nossas decisões, na nossa determinação de fazer as coisas. Já conseguimos combater isso e devemos evitar que, porque uma coisa é do estrangeiro, já é boa e temos que a aceitar imediatamente. Ou então, porque é estrangeiro, não vale nada, vamos recusar. Isso não é cultura, isso é uma mania, é um complexo, seja de inferioridade ou de estupidez. Devemos saber diante das coisas do estrangeiro, aceitar aquilo que é aceitável e recusar o que não presta. Devemos ser capazes de fazer a crítica. E a nossa luta, se repararmos bem, tem sido, em uma parte da nossa ação, a aplicação constante do princípio da assimilação crítica, ou seja, aproveitar o que vem dos outros, mas criticando aquilo que pode servir para a nossa terra e aquilo que não. Acumular experiência e criar.

Estes são alguns aspectos da nossa resistência no plano cultural, que eu queria falar aos camaradas.

RESISTÊNCIA ARMADA

Camaradas,

Uma parte do nosso trabalho de ontem e de hoje, foi destinado a deixar claro o problema da nossa resistência em geral como resposta à opressão colonial portuguesa, e a definir, embora rapidamente, várias formas de resistência da nossa luta, sendo cada forma um tipo de resposta a um tipo de opressão portuguesa. À opressão política, resistência política; à opressão econômica, resistência econômica; à opressão cultural, resistência cultural. Falta falarmos um pouco sobre a nossa resistência armada, que é a resposta à opressão armada, à agressão colonialista. Claro que isso os camaradas conhecem em geral, e é mais visível do que os outros tipos de resistência.

Já conversamos sobre o começo da nossa resistência armada: dissemos aos camaradas que ela, por um lado, é um ato político, porque a guerra que conduzimos em nossa terra é uma resposta à guerra dos tugas, mas sobretudo, a única maneira que encontramos para conquistarmos os nossos direitos políticos, de mandar em nós mesmos, do nosso povo determinar o seu próprio destino e de avançarmos, como outros povos do mundo, no caminho do progresso. Hoje ainda lembrei a vocês que a nossa resistência armada é também uma expressão da nossa resistência cultural, porque nós negamos, com a nossa resistência armada e correndo riscos da nossa vida cada dia, a situação de *portugueses de segunda classe*, se não de terceira ou de cachorros de portugueses que os estrangeiros colonialistas portugueses nos queriam impôr. Nós que adquirimos, pelo trabalho do nosso

Partido, a consciência de que somos uma parte do povo africano, que pertencemos a este continente que se chama África, que o nosso destino, embora sejamos homens como todos os homens, ligados profundamente à humanidade, está, em primeiro lugar, ligado à África e, como africanos e homens, temos direito a uma vida digna e livre, como o povo de Portugal ou qualquer outro povo do mundo. A nossa personalidade não se confunde com a personalidade dos tugas, embora alguns de nós possam ser filhos de tugas, ou descendentes de tugas misturados com africanos, embora não desprezemos os tugas. Nós queremos a nossa dignidade, a nossa própria personalidade, em defesa não só dos nossos direitos, mas também daquilo que é a base válida da cultura do nosso povo.

Mostramos ainda aos camaradas que a nossa resistência armada, ao fim e ao cabo, pode ser interpretada como prolongamento da resistência do nosso povo — na Guiné particularmente, porque ela foi conquistada pelos tugas — à guerra da conquista colonial, que levou quase 50 anos em nossa terra. Hoje pegamos de novo em armas, continuando a luta dos nossos antepassados, que não queriam perder o seu direito de decidirem eles mesmos as suas vidas. Em relação a Cabo Verde, podemos interpretar a nossa luta, ainda hoje política, mas possivelmente amanhã armada também, como o prolongamento da resistência daqueles africanos, filhos da Guiné, ou de qualquer outro lado da África perto da Guiné, que foram levados para Cabo Verde como escravos, e que nessa condição, resistiram e sofreram, negando e lutando contra a dominação dos escravizadores tugas que os venderam na América, no Brasil e em outras partes do mundo, como se fossem bichos.

Portanto, devemos concluir que, o primeiro aspecto da nossa resistência armada, é o prolongamento de uma luta, no sentido da defesa da nossa dignidade de africanos. Temos portanto, uma tradição de luta para defendermos a nossa liberdade, os direitos da nossa sociedade, a nossa própria história, para seguirmos no caminho do progresso, como qualquer outro povo do mundo. Nós sabemos quem somos, já falamos muito disso, definimos claramente a nossa situação geográfica, econômica, cultural e socialmente, antes e depois dos tugas chegarem à nossa terra. Antes da situação colonial e depois da situação colonial.

Evolução histórica do continente africano

Fazemos parte de um conjunto de povos do continente africano que, a partir do momento em que o caminho da Ásia, do Oriente, através do Mediterrâneo, foi fechado pelo Império Turco que conquistou a Europa do Sul, a Europa do Leste e a Ásia Menor, entramos em contato com a Europa. Cercada pelos turcos, os europeus tiveram a necessidade de abrir caminhos novos, para chegar às riquezas da Ásia a que já estavam habituados a comprar, negociar e explorar. A partir desse momento, particularmente, os portugueses, que estavam situados na ponta da Europa, próximos ao mar, começaram com as chamadas descobertas (navegações). O tuga tem a mania de que foi Deus que lhe traçou o caminho das marés para descobrir terras, para descobrir mundos novos. Isso é mentira. Os tugas foram para o mar, primeiro porque estão à beira-mar, segundo porque Portugal era pobre e tinha muita gente para empregar como marinheiro, diferente de outros países da Europa, que tinham menos gente disponível para a vida do mar. Terceiro, mas fundamentalmente, porque a Europa tinha necessidade absoluta de ir para o mar, para buscar o caminho das Índias. Nenhum Deus traçou aos tugas o caminho do mar. Basta ver que, depois isso acabou, os tugas viraram pobres, desgraçados, com menos marinha que qualquer outro país no mundo que não tinha marinha. Devemos deixar claro quais foram os fatos que levaram ao nosso contato com os tugas.

Os tugas, no começo, tiveram contato com os povos da África, na base da igualdade e em alguns casos mesmo, na base da inferioridade dos tugas, porque alguns países da África, naquela ocasião, estavam verdadeiramente mais desenvolvidos que Portugal. Já contamos a vocês que o rei de Gana, por exemplo, de Mombaça ou Melinde, na Costa da África Oriental, o rei do Congo, espantaram-se um bocado com a miséria dos tugas, com os presentes que seu rei lhes mandava, comparados com os presentes que eles podiam mandar ao rei de Portugal. Bonitas cartas que os reis de Portugal escreviam aos reis da África, pedindo boas relações com eles, gabando-os, convidando-os, com respeito. E isso já foi demonstrado, os reis de Portugal davam sempre as suas ordens escondidas, recomendando à sua gente para ver bem a maneira de enganar, de roubar, etc. Os tugas tiveram relações conosco, africanos, relações de comércio no litoral das nossas terras de África, na base da igualdade e do respeito. Mesmo passado bastante tempo, na Guiné, por exemplo, havia ainda acordos assinados entre reis papeis e portugueses para o comércio. E os tugas para comerciarem em nossa terra ou em outras partes de África, pagavam impostos, como aliás, outros países, que depois se transformaram em países colonialistas e imperialistas.

Pouco a pouco, a Europa transformou-se, avançou do ponto de vista comercial, desenvolveu-se industrialmente, sobretudo a Inglaterra, novas necessidades foram criadas, com grande desenvolvimento do capitalismo. Acumulação de capitais, necessidade de novas matérias primas para poderem desenvolver ainda mais a Europa, e para responderem às misérias da Europa, e, ao mesmo tempo, à necessidade de mercados para venderem as coisas que a Europa produzia. Antes disso, por causa das guerras que havia em África, entre africanos mesmo, a área da nossa terra era também uma área de muitas guerras, sobretudo a partir do Futa-Djalon para dentro, onde vários estados africanos de aristocracia militar brigavam uns com os outros para conquistarem terrenos para pastagem, para lavoura etc., havia muitos prisioneiros de guerra que eram usados como escravos. Na África mesmo, o sistema econômico e social era de escravatura, embora com características próprias, diferentes da escravatura em outros continentes.

Ainda hoje existe o sistema de escravatura em África. Aliás, se repararem bem, os rapazes de um régulo, não são mais do que escravos, camaradas. Os rapazes de alguns "grandes" da nossa terra, no mato, são como escravos. Lhes dão comida, têm filhos, mas todos os filhos são criados daquele mesmo homem "grande". Os filhos dos filhos dos filhos deles são sempre criados. Isso chama-se escravatura. Então, para nós africanos, com a nossa ideia de escravatura, estávamos abertos para arranjar escravos para outra gente.

Nesse momento, a América tinha sido descoberta e algum tempo depois começou a ser colonizada. O Brasil, na América do Sul, ilhas como Cuba, Jamaica, as chamadas Índias Ocidentais, alguns países da América Latina, sobretudo na América Central, e, como disse, a América do Norte, colonizada pelos Ingleses. No Brasil e na parte Sul da América do Norte onde o clima é um bocado duro, ainda muito atrasado, a agricultura tomou um caminho de trabalho sério, e os europeus que saíram da Europa para irem colonizar eram muito finos, porque saíram da Europa expulsos, perseguidos, por causa da religião, por causa da política, por causa da luta de classes na Europa. Então, esses, não queriam pegar na enxada para lavrar a terra, e saíram pelo mundo à procura de gente para lavrar para eles. A África era um campo aberto para isso, porque havia escravatura, os africanos estavam habituados a comprar e a vender escravos. E então, os tugas, navegadores do mar Atlântico, outros como os franceses, holandeses, etc., acostumados, à pirataria que faziam no mar, passaram, em vez de fazer pirataria, em vez de roubarem no mar ou em terra, passaram a comprar ou a caçar escravos em África, para venderem na América, ou "Novo Mundo". Um novo tipo de comércio começou: a escravatura.

Levou bastante tempo a escravatura, durante a qual mais de cem milhões de africanos foram vendidos através do mundo, mas dos quais uma grande parte, segundo investigações, morreu no meio do mar, por fraqueza ou em naufrágios. Os homens e mulheres da África foram levados para vários pontos do mundo, sobretudo para a América.

Passado esse tempo todo, começaram as rixas entre ingleses por um lado, com alguns outros países da Europa também, e a América por outro, por causa da concorrência econômica. Porque a América levantava-se numa base de facilidades que era o trabalho escravo, enquanto que na Inglaterra, por exemplo, não tinha escravos, era preciso pagar salários. Então surgiu na Inglaterra, não como um sentimento de humanidade, mas como necessidade econômica para combater o avanço do desenvolvimento da América, a ideia de acabar com a escravatura.

Foram lançadas grandes teorias de que a escravatura era um crime contra a humanidade. É verdade, é um crime, mas há muito tempo que era crime.

É preciso acabar com a escravatura, grande propaganda, reuniões internacionais, etc., até que se chegou ao ponto em que a escravatura foi proibida. Mas Portugal, já também teimoso naquela época, com o seu negócio de escravatura durante bastante tempo, com um bom armazém de escravos nas Ilhas de Cabo Verde, no Oceano Atlântico. Outros eram levados para Portugal. Em Portugal ainda há lugares que têm nome de negro, porque lá havia muitos escravos. Há por exemplo, o Poço dos Negros, porque havia aí muitos negros guardados como escravos e que depois do fim da escravatura, ficaram livres, continuando em Portugal. Mesmo no Alentejo há uma aldeia, onde há muitas pessoas mulatas, descendentes dos africanos que o Marquês de Pombal mandou para aí, para povoar.

Combatendo a escravatura na Europa, as ideias de liberdade de escravos avançaram na América também e a escravatura foi proibida no mundo. A América do Norte era industrializada e o Sul produzia matérias primas, com base na mão de obra escrava. Surgiu a ideia, para defender os interesses industriais e econômicos do Norte e de acabar com a escravatura para poderem tirar dos grandes senhores, donos das terras e dos escravos do Sul, as facilidades de vida que prejudicavam os interesses dos donos da indústria no Norte. Então Lincoln, presidente da América do Norte, decidiu acabar com a escravatura. Houve guerra por causa disso. O Sul imediatamente declarou que já não fazia parte dos Estados Unidos, que não queria federação nenhuma, que ia ser um estado independente, conservando seus escravos. Surgiu a guerra, uma guerra dura, entre americanos, dizendo que era por causa dos escravos, porque o Norte queria libertá-los. Mentira. O Norte queria acabar com as regalias do Sul que tinha escravos e eles não.

E se estudarmos bem, reparamos que, mesmo a origem dos europeus da América, no Norte, era uma, no Sul era outra. Os nomes das terras no Norte têm uma certa origem e no Sul têm outra. No Sul há muitos termos franceses e de outros países. Porque os americanos, vocês sabem, não são da América. Americanos, de fato, são os índios, que foram quase todos mortos pelos europeus. Os chamados Índios da América, eram índios nada, eram peles vermelhas, que eram chamados índios porque quando Cristóvão Colombo descobriu a América, ele pensava que tinha chegado à Índia, quando viu gente chamou-os de índios e ficaram com esse nome, mas não são índios de forma alguma.

A blocagem da nossa história na Guiné e Cabo Verde

Camaradas,

Surgiu uma nova fase no mundo, em que a escravatura acabou. O mundo ficou transformado com isso. Mas entretanto, na Europa, o capitalismo se desenvolveu muito, com grandes acumulações de capital, o desenvolvimento industrial, a necessidade de matérias primas, como já disse, a necessidade de mercados, e então alguns Estados europeus mais desenvolvidos resolveram o seguinte: Tomar a África de fato, acabar com a história do pequeno comércio, dos pequenos contratos e o respeito pelos africanos. Os estados europeus, a Inglaterra, a Alemanha, a França, e a Bélgica, por exemplo, começaram com rixas para ver quem é que ia tomar a África. Procuraram fazer a partilha da África. Primeiro na base de companhias que foram criadas, depois pelos próprios Estados, através de guerras coloniais de ocupação. A História é longa, não vou contar tudo, mas assim é que as nossas terras viraram colônias, ocupadas pelos colonialistas.

Mas a partir daquele momento, quer estivéssemos ou não desenvolvidos, avançados, em relação à Europa, a nossa História parou. Passamos a ser arrastados pela História dos países europeus. A nossa História, a nossa liberdade e a liberdade das nossas forças produtivas foram tomadas, abafadas, pelos colonialistas. Claro que nesse caminho eles tiveram grandes facilidades, porque nós estávamos sempre divididos. Vocês sabem que na Guiné, por exemplo, os tugas lutaram contra nós, nos derrotando um por um, raça por raça, e jogando uma raça contra as outras. Podemos dizer que, se porventura alguns manjacos não ajudassem os tugas contra os próprios manjacos, talvez fosse difícil os tugas vencerem os manjacos. Podemos dizer que se os fulas não ajudassem os tugas contra os papéis e, sobretudo, se Honório Barreto não enganasse os papéis de Bissau, servindo os tugas, camaradas, talvez eles não tivessem se instalado em nossa terra.

Muita gente não conhece bem o papel que Honório Barreto desempenhou na conquista da Guiné pelos tugas. Honório, filho de nhá Rosa de Cacheu, badia[25] de Santiago de Cabo Verde, e de João Barreto, sargento da tropa dos portugueses, preto, nascido na Guiné e descendente de cabo-verdianos, mistura de cabo verdianos com manjacos. Aliás, dizem que nhá Rosa é filha de um cabo-verdiano e uma manjaca, que foi levada para Cabo Verde, nhá Rosa, dona de Cacheu e de relação com indígenas de África; desde os lados de Teixeira Pinto, Cacheu, etc., até ao fim de Casamansa, quer dizer, até ao rio que nessa altura se chamava o rio de S. Domingos, que é o rio de Casamansa, hoje em dia. Ela tinha tanta simpatia no meio dos africanos, que tudo o que dizia, era aceito. Ela que era a dona do comércio praticamente. Seu filho, Honório Barreto, foi educado primeiro em Cabo Verde e depois em Portugal. Foi aluno da escola de matemática em Portugal. Não acabou seus estudos, era bom tocador de guitarra, um bocado farrista, voltou para a Guiné, para tomar conta das coisas dos pais. João Barreto tinha sido preso antes, porque fez uma revolta contra o governo que lá estava, porque ele era democrata, não pela independência, mas a favor de outros portugueses, que eram democratas.

Depois da morte do pai, Honório Barreto, tomou conta das coisas da família, e era o homem mais rico da Guiné. Face à revolta dos papéis — no território dos papéis, naquele tempo, a Guiné e Cabo Verde tinham um só governo com sede na Praia — o governador geral de Cabo Verde e Guiné, fez uma proposta para a rainha, que era D. Maria naquela época, em que dizia que, se ela quisesse que a Guiné ficasse em paz e que Portugal tivesse força na Guiné de fato para acabar com as guerras, era melhor colocar Honório Barreto como Governador. Li nos arquivos

25 Em Cabo Verde, "badia" é um termo usado para referir-se a pessoas naturais ou habitantes da ilha de Santiago. A palavra é originária do crioulo cabo-verdiano, sendo uma alteração da palavra portuguesa "vadio".

coloniais em Lisboa a carta que esse governador escreveu a D. Maria. Ele diz: “Tenho a honra de propor à nossa rainha, para escolher como governador da Guiné, embora sob as minhas ordens, o jovem chamado Honório Barreto, ilustrado, inteligente, com frequência de tal escola, etc., etc., e que é tão português como qualquer um de nós. E aconselho isso, porque sendo a pessoa mais rica da Guiné, ele é que tem o maior interesse em conservar a presença de Portugal na Guiné”.

A rainha viu isso e Honório Barreto foi nomeado governador da Guiné. Ele estabeleceu um plano de trabalho para a conquista da Guiné pelos tugas: se ele conquistasse Cacheu, Geba e Bissau para os tugas, ninguém mais seria capaz de tomar a Guiné e eles podiam dominar todas as revoltas indígenas. Ele traçou esse plano muito bem, com inteligência.

Mas quando, por exemplo, os portugueses ficavam com raiva dele porque era preto e mandava, ele fazia um grande truque, abandonava tudo, voltava para sua propriedade em Cacheu e fechava-se em casa. Quando os portugueses tinham dificuldades com os indígenas, iam chamá-lo para evitar que os papéis se revoltassem contra eles. Ele voltava. Uma vez, por exemplo, o rei de Intim, cujo nome é N’Dongo, um dos mais fortes reis papéis, cercou Amura com sua gente, a fortaleza de S. José de Bissau. E foi de tal maneira, que os portugueses morriam de fome, lá dentro, ninguém podia sair. Os barcos não chegaram a Bissau. Honório Barreto estava em Cacheu e foram chamá-lo. Veio gente de Cabo Verde, tugas que lá estavam, para o chamar. Ele aceitou e veio falar com o rei papel o prometeu-lhe que seus direitos seriam respeitados, que Portugal não tomaria sua terra de maneira nenhuma, e que lhe pagaria impostos etc. Fez mesmo um contrato escrito. Enquanto isso, foi combinado com os tugas que grandes forças sairiam de Portugal, de Lisboa, para a Guiné. Quando chegaram, massacraram brutalmente os papéis.

Em outra ocasião, em um contrato que Honório Barreto fez com o régulo de Djou de Rei, aquele ilheu diante de Bissau, para não aborrecer os tugas, fez a seguinte promessa: esse rei não se meteria com os tugas, não lhes faria guerra. Os tugas lhe dariam tantas armas de fogo, tantas barras de ferro e tantos litros de cana por ano. Isso está num contrato assinado, arquivado em Lisboa, que eu li. Estou lhes dando uma ideia de como é que Honória Barreto soube de fato servir Portugal bem.

Com seus planos, ele conseguiu de fato pôr a Guiné em suas mãos, entregá-la ou não aos tugas, conforme quisesse, porque naquele tempo, surgiram os ingleses e os franceses que também queriam a Guiné. Os ingleses queriam Bolama, e os franceses queriam vir de Casamansa para baixo, descer e tomar tudo. Honório Barreto foi um grande "patriota" português. Resistiu com força, não aceitou nenhuma promessa nem oferta que os franceses e ingleses lhe fizeram, guardou a Guiné inteira para os tugas. Os tugas têm razão em colocar uma estátua de Honório Barreto na nossa terra. Sem ele a Guiné não seria dos tugas. Isso é verdade. Mas nós devemos ter respeito por Honório Barreto.

Podemos criticá-lo em sua atitude, mas foi um homem de valor. Para aquela época, com aquela mentalidade, como indivíduo que saiu do nosso povo, mas que foi educado por portugueses, no meio de portugueses, falando bom português, tocando sua guitarra, cantando fados, etc., não tinha outra coisa a fazer, senão isso, camaradas. Esse era o seu trabalho e ele o fez bem, portanto, era um homem de valor. Podemos não entender hoje que descendentes de Honório Barreto, por exemplo; como Alvarenga (porque a nhá Rosa chamava-se Rosa Alvarenga, João Barreto e Rosa Alvarenga deram os Carvalhos Alvarenga, etc., etc., Barreto, toda uma família, duas famílias, que se juntaram, formando gente fina da nossa terra, como o nosso camarada Barreto que está aí sentado), mas hoje não podemos entender que algum descendente de Honório Barreto, diante deste fenômeno novo, da luta do nosso povo e da independência da África, a independência de todos os povos do mundo, com as lutas de libertação por todos os lados, possam ainda preferir os tugas. Se Honório Barreto pôde servir os tugas, isso talvez qualquer um de nós preferisse fazê-lo, se tivéssemos a sua educação e se tivéssemos vivido naquele momento da História em que ele viveu. Mas hoje, os descendentes do Honório Barreto que foram ou não à escola e preferem ainda os tugas, esses já não têm perdão.

Os camaradas viram, portanto, de onde é que saímos, como é que caímos nas mãos dos tugas.

Quanto a Cabo Verde, os camaradas sabem, não houve conquista. Cabo Verde são ilhas que foram "achadas" naquele tempo pelos tugas. Depois que eles encontraram a ponta de África, onde está hoje Dakar, e dada a sua verdura, pois na época em que fora descoberta estava bastante verde, e como é um cabo, quer dizer, um pedaço de terra que entra pelo mar adentro, chamaram Cabo Verde, a essa ponta onde hoje fica Dakar. Passados poucos dias, avançando no mar, encontraram umas ilhas e, como estavam junto de Cabo Verde, chamaram-lhes Ilhas de Cabo Verde. Cada Ilha ganhou um nome. A que foi descoberta no mês de maio, chamaram ilha de Maio, a que foi descoberta no dia de S. Tiago, foi nomeada Ilha de S. Tiago, a que tinha o terreno com muito sal, ficou Ilha do Sal, outra por ser bonita de longe, chamaram-lhe Ilha da Boa Vista, etc., segundo a cristandade dos tugas, segundo a sua maneira de ver. Mas vocês sabem que a região em que está Dakar chama-se Région du Cap Vert. Em Dakar se vê muita coisa onde está escrito Cap Vert e as pessoas pensam que ali é Cabo Verde, e é por causa disso que dei esta explicação.

Em Cabo Verde não havia ninguém na época em que foi descoberto. Mas há a hipótese de que Cabo Verde tinha gente antes, particularmente pessoass da Costa de África, tanto manjacos, como lebus, pescadores do Senegal, lebus da Costa do Senegal teriam chegado a ir até Cabo Verde navegando em suas canoas, e hoje está provado que algumas dessas canoas são capazes de navegar longe, como as canoas dos nhomincas, por exemplo. Além disso, há hipótese histórica de que os fenícios, que eram um povo antigo que habitava a terra dos libaneses, que nós chamamos sírios e que ficavam em um ponto da Ásia Menor, fizeram o chamado périplo africano naqueles tempos muito antigos, há mais de mil anos. Dizem que passaram em Cabo Verde e viveram lá.

A verdade é que quando os tugas chegaram às Ilhas de Cabo Verde no meio do mar, não encontraram ninguém lá. E quando a escravatura se desenvolveu, resolveram levar para lá escravos para fazerem de Cabo Verde um armazém de escravizados. Quando a escravatura começou a acabar, cada ilha passou para as mãos de um branco importante, um Dom qualquer coisa, como donatário, dono da ilha, que pôs os escravos para continuarem a serem escravizados ou então explorados depois como criados, como servos na casa dos donos de terras. Este foi o ponto de onde partimos, a situação que os tugas nos criaram em África.

Objetivo da resistência armada

Sabendo bem de onde partimos, temos que saber bem para onde vamos com a nossa luta armada. Ela é, nós dissemos, uma forma de luta política, que procura libertar a nossa terra da exploração econômica colonial e imperialista. Este é o nosso objetivo fundamental, libertar as forças produtivas da nossa terra da opressão, da dominação colonial imperialista. Mas uma pergunta: Fazemos isso para voltarmos para onde estávamos, para voltarmos para Cabo Verde como escravos, ou como servos, ou como gente servindo como criados? Fazemos isso para voltarmos ao tempo em que os manjacos e papéis brigavam muito e em que os mandingas e balantas não se entendiam? Isso é um bocado difícil. Não, estamos libertando nossa terra para avançarmos como outros povos no mundo para o progresso, para uma vida de dignidade, para a unidade nacional da nossa terra, para ajudarmos a erguer uma África nova e melhor. Esse é o objetivo da nossa luta, no quadro do mundo, da humanidade, a qual pertencemos como seres humanos.

Em nossa luta, portanto, um tiro que damos no quartel de Buba ou um tiro que damos em um tuga, no caminho ou numa emboscada, é um ato político de primeira grandeza. Servimos a humanidade, camaradas. Servimos o nosso povo, a nossa terra, a África, a humanidade. Esta é a nossa responsabilidade ao dar tiros, fazendo guerra na nossa terra, para libertarmos o nosso povo.

Por isso mesmo temos que orientar a nossa luta armada da melhor maneira possível, de acordo com a realidade da nossa terra, de acordo também com a experiência de outros povos, desde que essa experiência seja válida para nós. Por isso mesmo temos que evitar, e evitamos, na nossa luta, tudo quanto possa diminuir a dignidade do ser humano. O nosso Partido proíbe na nossa luta tudo que possa ser crime, tudo que, em nosso espírito, seja ódio, desejo de sangue. Nós fazemos sangue e temos ódio, mas ao colonialista que nos domina, sabendo bem o que fazemos, claramente, para não nos confundirmos, camaradas Por isso mesmo temos dificuldades em fazer com que nossos irmãos felupes se juntem a nós, porque na concepção deles, quando se mata alguém na guerra, é preciso cortar a cabeça e as orelhas. Isso para nós é um bocado difícil. É fácil para os tugas. Por isso mesmo a nossa guerra é muito diferente de muitas guerras de África, camaradas. E o nosso inimigo, que é um criminoso da pior espécie, bárbaro, gente da pior espécie, a pior que já apareceu no mundo, tem vergonha diante da pureza, da consciência elevada da nossa luta armada de libertação nacional.

Temos que combater na nossa luta todas as ideias erradas, todas as ideias de oportunismo, e temos que defender ao máximo, a linha do nosso Partido, que vocês todos conhecem.

O nosso Partido soube que era preciso mobilizar o povo para a luta, organizar o povo para a luta, e mobilizou o povo. Essa tinha que ser a primeira fase da nossa luta e nós a fizemos bem, camaradas. E se queremos de fato continuar com o nosso trabalho, temos que continuar sempre mobilizando e organizando o povo. Nós criamos grupos armados quase naturalmente, enraizados no meio do nosso povo, apoiados pelo nosso povo. Grupos que se desenvolveram pouco a pouco. Nós agimos contra o inimigo, desenvolvendo passo a passo a nossa luta, criando novos tipos de grupos de luta, melhorando as nossas armas, sempre apoiados no nosso povo. Fizemos o máximo para estender a guerra a todas as áreas da nossa terra e hoje praticamente nos falta fazer apenas a luta armada nas Ilhas: Ilha de Bissau, Ilha de Bolama, arquipélago de Bijagós, e arquipélago de Cabo Verde. Não há mais nenhum lugar na nossa terra em que não tenhamos feito luta armada. Mesmo em Bissau, já atacamos, e em Bolama, também. Há alguns dias atacamos Bolama, os tugas disseram em sua rádio.

Devemos ser capazes de, através da nossa luta armada, da nossa resistência armada, conservar nossas forças, manter nossas forças, mas também desenvolvê-las cada dia mais. Quem faz uma resistência armada, se não for capaz de conservar suas forças e desenvolvê-las cada vez mais, acaba perdendo, porque as forças de uma luta armada precisam se desenvolver e avançar, do contrário, desaparecem. E a melhor maneira de desenvolver forças, é estar sempre em ação.

A luta armada, a resistência armada, é quase como uma ginástica: quem tem mais forças faz mais exercícios, mais ação, mais movimento.

Infelizmente, muitos dos nossos camaradas não entenderam isso e são capazes de passar muito tempo sem fazer uma ação, matando assim as nossas forças armadas, porque quanto menos ação um combatente faz, mais dificuldades tem em fazer outras ações.

Conseguimos, passo a passo, fazer nosso povo pegar em armas em três fases: na primeira, os filhos do nosso povo, do mato ou da cidade, convertidos em guerrilheiros eram pouca gente. Aos poucos aumentamos o número de guerrilheiros, transformamos as forças de guerrilha em Exército regular. Mas depois, mesmo nas tabancas, pusemos armas nas mãos do povo como milícia. E hoje, pouco a pouco, devemos deixar o nosso povo inteiro, a nossa população das áreas libertadas pelo menos, com armas nas mãos. O povo em armas. Essa deve ser a característica fundamental de uma resistência armada, de um povo que luta por sua liberdade.

Qual é o objetivo? Destruir as forças do inimigo, arranjar todos os meios necessários para destruir as forças vivas do inimigo. A guerra é dura, não é agradável, é difícil, mas ninguém faz guerra por gosto, e só um criminoso mata pelo prazer em matar. Mas a guerra é para matar, camaradas. Quem mais matar e quem menos erros cometer, ganha a guerra. Por isso, o objetivo da nossa resistência armada, é o de liquidar as forças vivas do inimigo. A nossa obrigação é liquidar os tugas colonialistas, qualquer tuga que tenha armas nas mãos contra o nosso povo, contra a liberdade do nosso povo, deve ser liquidado.

E, através da nossa luta, devemos orientar nosso trabalho de maneira a perder poucas forças do nosso lado. Nosso Partido tem procurado, de fato, tratar as táticas da luta, além da nossa estratégia geral, de maneira a evitar ao máximo que os nossos camaradas morram na guerra. Devemos fazer na nossa guerra aquilo que é possível fazer em cada etapa, mas preparando-nos hoje, para fazermos melhor na etapa seguinte. Essa tem sido a norma do nosso Partido. Temos recomendado o máximo de cuidado aos nossos camaradas, para agirmos contra o inimigo no momento em que de fato possamos agir, porque a terra é nossa. Mas devemos agir sempre, porque é sempre possível agir em certas condições que nós próprios podemos criar.

Temos procurado, ao máximo, preservar, conservar a vida dos nossos camaradas. E podemos dizer que uma grande parte dos camaradas que já perdemos na nossa luta, foi por causa de erros cometidos por eles próprios. Erros de vigilância, erros de segurança, erros de cálculos de guerra, ou mesmo desobediência das palavras de ordem do Partido. Falta de cuidados nos caminhos que podem estar minados, falta de cuidados ao atravessar os rios que podem ter barcos do inimigo. Quantas vezes os camaradas chegam para atravessar o rio e, em vez de terem comunicação bem marcada com o outro lado para vigiar o inimigo, chegam, metem-se na canoa e passam. No meio do caminho encontram-se com os tugas. Eu mesmo, ao passar o Rio Farim, de volta do Norte da nossa terra, antes de chegar a outra margem, um barco inimigo apareceu na esquina do rio. Quando colocávamos os pés na terra, no meio do tarafe, o barco vinha atrás de nós. E sabemos que o camarada Luiz Cabral, por exemplo, já teve que se deitar na água, quase a morrer, com outros camaradas, porque o barco inimigo estava em cima deles. E quantos camaradas nossos perderam a vida por causa disso? Só falta de cuidado, de atenção, de certeza de que só se faz uma coisa bem se ela for bem estudada. Muita confiança na sorte!

Houve camaradas que morreram, por exemplo, em bombardeios por falta de atenção, de cuidados com os aviões, falta de seguir as regras do Partido — fazer abrigos, sair das bases. Na guerra morre-se. É normal morrer na guerra. Quem vai à guerra sabe que pode viver ou morrer, mas pode-se morrer mais ou menos, de acordo com os erros que se comete, se é seguida ou não a direção que o Partido traça, que quem dirige traça, para se poder preservar a vida. E preservar a vida não quer dizer covardia, não quer dizer negar a guerra. Tantos camaradas já morreram fora da guerra, durante esta luta, mas tantos camaradas também que já morreram fora da terra e que se estivessem aqui dentro talvez não morressem. Camaradas que, às vezes, estão na frente de combate durante anos, que um dia saem e vão à sua tabanca. Acabam de chegar, os tugas matam-nos. Portanto, não devemos ter medo de morrer na guerra, de morrer com resultado, com utilidade, não morrer à toa, só porque se confia na sorte.

Temos orgulho do fato de que, na nossa guerra, comparada com outras guerras, quer em África ou em outros lugares, tem morrido muito pouca gente em relação à quantidade que poderia morrer dadas as nossas condições concretas. O nosso Partido tem sabido orientar a luta, reduzindo ao mínimo a perda dos nossos camaradas. E aqueles que são feridos, temos feito o máximo para sua recuperação. Esta é uma das forças da nossa luta. Portanto, devemos não apenas nos defender, agindo sempre, porque a melhor defesa em uma luta armada como a nossa, é a ação, é o ataque, mas também defender todas as conquistas da nossa luta. Embora não devamos confundir ou ficar agarrados ao terreno só para defender uma área libertada, em vez de irmos para a frente e atacarmos os tugas em seus quartéis. Devemos criar meios próprios para defender as áreas libertadas, ao mesmo tempo em que elas não podem nos impedir de avançar frente ao inimigo para lhe darmos cada vez mais golpes.

Transformação das estruturas da guerra

À medida que a guerra avança, nosso Partido tem sido capaz de transformar a estrutura da nossa guerra. Os camaradas devem lembrar-se bem do que era a luta no começo. Pouco a pouco nós modificamos os grupos de guerrilha, criamos corpos do Exército ou Unidades do Exército, criamos comandos, começamos a coordenar a luta no quadro de zonas, de regiões diferentes. Antes, por exemplo, o comando das nossas Forças Armadas era o Comitê do Partido, mas à medida que as nossas Forças Armadas cresceram, a guerra avançou mais e tivemos que separar a direção local do Partido da direção das Forças Armadas, embora aqueles que dirigem as Forças Armadas sejam também dirigentes do Partido. Criamos frentes de luta, Corpos do Exército, passando por setores de luta, etc., etc., e tudo isso mostra aos camaradas como é que a nossa luta tem sido dinâmica. E uma das forças da nossa luta é a seguinte: que nunca deixamos nossa luta cristalizar, quer dizer, parar em um dado estágio de evolução. Pelo contrário, temos sabido sempre nos adaptar às novas condições de luta. Temos sabido passar da pistola ao morteiro, mas isso também foi modificar toda a estrutura, até chegar ao morteiro. Temos sabido mudar os tipos de luta, passar para novas frentes, abrir novas frentes de luta no momento em que é preciso fazê-lo. Às vezes, claro, em nossas condições, com um bocado de atraso. Mas às vezes também cometemos erros, como por exemplo, quando criamos unidades que chamamos seções, com gente a mais e que depois tivemos que reduzir. Lembram-se da seção "Pidjiguiti", seção "Vitorino", por exemplo, etc., que tivemos depois que dividir, porque era gente demais para a capacidade de comando que havia naquela época, não podíamos. Ficamos só nos bigrupos.

Mas devemos dizer que, em um tipo de guerra como o nosso, em uma terra como a nossa, a melhor maneira de combater é com pouca gente, dividida em pequenos grupos. Vejam o ataque de alguns atrás dias ao Pitche, depois da reunião que fizemos com os camaradas no Gabú. Ficamos contentes com o camarada Baro Seidi, com o ataque que ele fez, mas lhe dissemos que podia fazer melhor ainda. Ele encheu-se, de fato, de capricho, ele e o Buonte Na Sansa, que é seu comissário político. Depois daquela reunião, ele voltou com os seus combatentes e atacou Pitche com dois grupos de 18 pessoas, entrando no quartel dos tugas, apanhando os tugas dentro dos abrigos, arrebentando uma série de casas, etc., etc. Quer dizer, nós ainda temos a certeza de que, nesta luta, a melhor maneira de lutar é com pequenos grupos e com muita coragem, utilizando ao máximo as nossas armas, sobretudo as nossas armas ligeiras, camaradas.

Infelizmente, desde que temos morteiros, como já disse, os camaradas da infantaria desculpam-se um bocado, e as balas da "Pachanga"[26] estão enferrujando no carregador. Mas vocês vêem, a Direção do Partido luta, eu estou lutando, e sabem o que faço, por exemplo? Estou tirando gente da infantaria e levando para outros corpos do Exército e para outros lugares. E os nossos camaradas comandantes, dirigentes, felizmente entendem isso claramente, e nos ajudam bem. Não vale a pena ter cinco bigrupos tirando tugas da área de Buba ou da área de Cubucaré, quando se juntarmos dois bigrupos de um lado e três de outro, fazendo cinco, podemos levá-los ao Norte, para reforçar, por exemplo, a nossa ação no Chão dos Manjacos ou em Nhacra, que é importantíssimo para nós.

Devemos, portanto, a cada passo, ontem, hoje e amanhã, enquanto durar a nossa luta, coordená-la, dominar a nossa luta completamente, saber o que se passa. E devemos fazer tudo para que as relações entre as nossas Forças Armadas e o nosso povo sejam as melhores possíveis. Devemos convencer o nosso povo, pelos nossos gestos, pela nossa ação, pelas nossas palavras, de que os nossos soldados, os nossos combatentes, são seus filhos, que lutam para o defender, que saíram do seu seio, da sua barriga, para o defender, não para lhe fazer mal.

Vários camaradas das Forças Armadas, até responsáveis, têm prejudicado muito o nosso Partido e a nossa luta, estragando as relações das nossas Forças Armadas com a população. Isso, como já disse, é um crime de traição, é servir aos tugas. Temos

---

[26] De acordo com o "*Pequeno Dicionário da Tabanca Grande, de A a Z*", do blog *Luís Graça & Camaradas da Guiné*, "Pachanga" era a forma pela qual os combatentes do PAIGC se referiam à Pistola-Metralhadora SHPAGIN Cal 7,62 mm M-941. Disponível no link: <https://blogueforanadaevaotres.blogspot.com/2019/01/guine-6174-p19396-pequeno-dicionario-da.html>.

que combater isso firmemente, de verdade. E posso dizer aos camaradas o seguinte: por mais força que o nosso Partido tenha, se não defendermos as boas relações com a nossa gente, diariamente, se não reforçarmos essas relações cada dia mais, através de um trabalho político e de atos concretos por parte das nossas Forças Armadas, nossa luta será condenada ao fracasso.

Quer para recrutar gente nova para as Forças Armadas, quer para obter o apoio da população, quer até para justificar os nossos sacrifícios, camaradas, é fundamental desenvolver cada dia mais boas relações entre as Forças Armadas e a população da nossa terra. Isso quer dizer que não vamos fazer mal. Lá onde temos que fazer mal para avançar? Isso, paciência, temos de fazê-lo. Mas não no interesse de um, na vontade de um que quer bater, dar bofetadas ou coisa que o valha. No interesse do nosso próprio povo.

Objetivo final da guerra de libertação

Como disse, é bom, a cada momento da luta armada, deixar bem claro a ideia de para onde vamos, a cada momento de avanço da nossa luta. O nosso objetivo é tirar os colonialistas portugueses da nossa terra, na Guiné ou em Cabo Verde. A nossa ideia, o nosso fim, não é surrar os tugas, deitá-los no chão, como quando lutamos com alguém a *luta* da nossa terra. O nosso objetivo é tirar os tugas colonialistas da nossa terra.

Vocês viram o caso da Guerra do Vietnã, que levou à independência do Vietnã do Norte. Quando acabaram a guerra, com a vitória dos vietnamitas em Dien Bien Phu, onde eles cercaram e derrotaram cerca de trinta mil franceses, os franceses tinham no Vietnã quinhentos mil soldados bem colocados, em todas as posições, mas por causa da derrota de Dien Bien Phu, que era um campo inimigo, e por causa da pressão política no plano internacional, a França foi obrigada a ceder. Alguns oficiais do exército ficaram furiosos nesse momento, como o general Salan e outros. E por quê? Porque os franceses ainda tinham muita força, mais força do que nunca. Caso concreto da Argélia. Quando a Argélia chegou à independência através das negociações de Evian, nunca os franceses tinham sido tão fortes ali, tudo quadrilhado, tropas francesas por todo lado, centenas de milhares de tropas francesas, além de um milhão de civis franceses, muitos com armas nas mãos. Mas por causa do trabalho político, da pressão política, dentro da terra, da coragem do povo argelino, camaradas, coragem grande, sacrifício do povo das cidades. Quando, por exemplo, os franceses proibiram todas as manifestações em Argel (quem saísse à rua seria morto), os argelinos, homens, mulheres e crianças, levantaram-se, velhos e novos, e saíram à rua num domingo com sua bandeira estendida. Os franceses mataram, em um dia, mais de seiscentos argelinos nas ruas de Argel. No domingo seguinte, saíram outra vez. Camaradas, é preciso coragem. Temos que sentir que em nossa guerra, comparada com a guerra do Vietnã ou da Argélia para a independência, nós estamos bem, não morremos quase nada.

A nossa gente de Bissau, enquanto fazemos a guerra, goza as nossas vitórias. Minha senhora, convites para todo o lado onde não costumavam ir, licenças para ir a Portugal, o senhor Mamadú Djassi já aparece no jornal, a Exma. senhora D. Mariama Camará, em Bissau, gozando já dos resultados da luta. Na Argélia, enquanto os combatentes estavam no meio das rochas, no mato ou nas montanhas, a população levantava-se com força na cidade, se manifestando sem armas, para mostrarem aos franceses que eles tinham que ir embora. E como isso provocava assassinatos, massacres, a opinião mundial, mesmo na França, levantou-se contra o Governo Francês. Podemos dizer que uma das grandes forças que ganhou a guerra da Argélia foi a própria opinião francesa também, e os filhos da Argélia na França, que eram mais de quinhentos mil e que fizeram sabotagens mesmo em terras francesas. Mas como sabem, muitos deles eram também favoráveis aos franceses, de maneira que argelinos mataram argelinos tanto na Argélia como na França. Mas, forçados pela opinião mundial, pela coragem do povo argelino, pelo sacrifício que teve de consentir, porque na guerra da Argélia morreram pela sua independência mais de um milhão e meio de pessoas, camaradas,duas vezes mais a população da Guiné inteira morreu na guerra da Argélia. Sete anos e meio de luta.

Mas o objetivo de uma guerra de libertação não é só para o inimigo nos pedir perdão, reconhecer que perdeu. Não é isso. É ele sentar-se e dizer que temos razão, que tomemos a nossa terra. Por isso é que temos que saber para onde é que vamos com a nossa guerra. E quanto mais batermos no inimigo, em cada pequena batalha em que o enfrentamos, melhor, porque mais depressa chegará o dia em que ele decidirá ir embora, porque já está muito mal. Na nossa terra, felizmente, o tuga sabe que perdeu, mas ainda não foi embora. Não se esqueçam que temos que o combater ainda. Ele sabe que precisa aguentar para sustentar também Angola e Moçambique, e ele tem que fazer força para aguentar um bocado, enquanto, pelo menos, não avançarmos mais com a luta em Cabo Verde. No dia em que a luta começar a sério em Cabo Verde, mais ampliada, com armas nas mãos, nesse dia a guerra acaba na nossa terra, com certeza. Mas isso não quer dizer que não possa acabar, sem a luta começar em Cabo Verde. Pode acabar. A verdade é que, quando começarmos a guerra em Cabo Verde, os tugas ficam mais afrontados ainda, por todos os lados.

Camaradas, nunca é demais repetirmos que o objetivo fundamental da nossa resistência armada é realizar aquilo que não conseguimos só com a política. É abrir, portanto, novas perspectivas para o nosso povo, na independência, na paz, no trabalho e na justiça, para o progresso. Estamos convencidos que é o nosso Partido que pode fazer isso.

No quadro do destino do nosso povo, que nós próprios estamos criando, no quadro das exigências da história do nosso tempo, o nosso Partido é que tem essa missão de, através da resistência política, econômica, cultural e agindo duramente, necessariamente, na resistência armada, abrir este novo caminho para o nosso povo, garantir ao nosso povo a segurança necessária e a certeza de que amanhã viverá no progresso. Essa é a nossa missão, camaradas. Particularmente daqueles camaradas mais novos que estão atingindo, a cada dia, mais responsabilidades no nosso Partido.

APÊNDICE

Relatório Geral Sobre a Luta de Libertação Nacional
por Amílcar Cabral (Abel Djassi), Secretário Geral do PAIGC — julho de 1961

O absurdo da nossa situação.

Durante a segunda metade do século XX, o século do esclarecimento e da liberdade, o povo da Guiné "Portuguesa" e das Ilhas de Cabo Verde viu-se submetido à exploração do homem pelo homem mais violento, sendo objeto da mais monstruosa opressão nacional, social e cultural, e vítima da bárbara repressão militar e policial.

Na verdade, a situação dos nossos povos, bem como a de outros povos dominados por Portugal, parece absurda. Os direitos humanos fundamentais, as liberdades essenciais, o respeito pela dignidade humana — são coisas desconhecidas nos nossos países. Enquanto as potências coloniais aceitam geralmente o princípio da autodeterminação dos povos e procuram, de todas as formas, encontrar uma solução para o conflito que as opõe ao povo dominado, o Governo Português insiste em manter o domínio e a exploração sobre cerca de 15 milhões de seres humanos, incluindo 12 milhões de africanos. Enquanto a esmagadora maioria do povo africano, apesar das contradições e dificuldades que enfrentam, iniciam a construção pacífica do progresso, o nosso povo é obrigado, pelos colonialistas portugueses, a continuar vivendo na pobreza extrema, na ignorância e no medo. Enquanto o homem, vitorioso na luta contra a natureza e pelo progresso, realiza os sonhos de Júlio Verne e inicia a conquista do espaço, os colonialistas portugueses querem, pela força, manter o nosso povo na submissão, na indignidade do trabalho forçado, na condição cínica de pessoas incivilizadas e animais dependentes. Enquanto o vento do nacionalismo sopra pelos continentes e pelos povos, incluindo os da Europa, procurando definir na sua própria unidade histórica, econômica e geográfica, os colonialistas portugueses tentam, embora em vão, convencer o mundo de que não têm colônias e que os nossos países africanos são "províncias de Portugal". Enquanto os nossos povos, através de grandes sacrifícios, se envolvem decisivamente na luta pela libertação nacional, os colonialistas portugueses perseguem, prendem, torturam, matam e de outras formas lançam uma guerra colonial de extermínio em Angola, preparando-se febrilmente para uma nova guerra na Guiné "Portuguesa" e nas Ilhas de Cabo Verde.

A história do colonialismo relacionará, para espanto das gerações futuras, os crimes e males a que o povo africano foi submetido durante a dominação colonial. No entanto, é certo que um lugar importante será reservado ao colonialismo português devido à sua duração, ao atraso da violência, ao cinismo, à hipocrisia, às mentiras e até a uma certa loucura que caracterizou a dominação colonial portuguesa em África.

No entanto, a situação imposta ao nosso povo pelos colonialistas portugueses não é tão absurda como se poderia acreditar. Obviamente, a violência e as mentiras foram, e ainda são, as principais armas de qualquer colonialista. No entanto, quando o país colonizador tem um governo fascista, a maioria da população desse país é analfabeta, não conhece e nem goza dos direitos humanos fundamentais e tem um nível de vida muito baixo em seu próprio país — quando a economia da metrópole estrangeira subdesenvolvida como é o caso de Portugal — a violência e a mentira não têm paralelo, a falta de respeito pela dignidade do homem africano ultrapassa todos os limites.

Uma análise concreta dos fatores que condicionaram, e ainda condicionam, a evolução da situação dos nossos povos, demonstra que ela é inteiramente justificável pelas condições geográficas, históricas e, principalmente, econômicas e políticas, tanto em nossos países como em Portugal.

Ao longo dos últimos 35 anos, esta situação agravou-se muito, em consequência do fato de a burguesia e outras forças reacionárias portuguesas, ao conquistarem o poder terem instalado em seu país uma ditadura nazi-fascista, cuja defesa e sobrevivência dependem da exploração de recursos materiais e humanos das colônias africanas de Portugal como suporte principal.

A velha ditadura colonial portuguesa — qualquer situação colonial é uma situação de dominação através da violência — transformou-se em uma ditadura colonial-fascista. A injustiça, a falta de respeito para com o homem africano, o racismo, a ausência de liberdades políticas, a pobreza, a ignorância, a fome e o medo — a opressão e a repressão ultrapassaram todos os limites.

Como reflexo do contexto econômico e político português, novas formas de opressão e repressão foram colocadas em prática, e o nosso povo começou a viver em um verdadeiro estado de sítio.

Durante muito tempo, o Governo colonial-fascista de Portugal conseguiu, através do silêncio, do cinismo e da hipocrisia, impedir que a opinião mundial conhecesse os crimes dos colonialistas portugueses. Para dizer a verdade, não devemos esquecer que o sucesso temporário desta política de silêncio se deu em grande parte à cumplicidade e ajuda de certas forças econômicas de outros países, que ainda tinham o maior interesse em "conservar" as colônias portuguesas.

Não se trata de desmascarar os colonialistas portugueses cuja face monstruosa está hoje exposta à luz da consciência mundial, para a náusea daqueles que confiaram na "paz das províncias ultramarinas portuguesas", para a vergonha dos cúmplices e para o repúdio e indignação dos homens de boa vontade.

Queremos apenas recordar que a denúncia do crime colonial português foi obra do próprio povo das colônias portuguesas, fruto de um trabalho revolucionário planejado e sistematicamente executado pelos patriotas africanos no campo internacional. Enfrentando os maiores sacrifícios e resistências, incluindo a hostilidade de alguns círculos ocidentais, estes patriotas africanos, conscientes da necessidade estratégica de isolar os colonialistas portugueses até de seus principais aliados, não pouparam esforços nesta missão histórica.

A nossa vitória total contra o colonialismo português, a nível internacional, é evidente hoje. Foi consagrada pela votação da Assembleia Geral da ONU de 14 de dezembro de 1960, confirmando, por esmagadora maioria, a resolução do Conselho de Administração Fiduciária,[27] exigindo de Portugal informações sobre a situação dos povos que domina. Mesmo levando em consideração o caráter formal ou moral desta vitória, ela representa um grande passo adiante em nossa luta pela libertação, porque quase conseguimos isolar nosso inimigo. Apesar do apoio das forças imperialistas, os colonialistas portugueses encontram-se isolados frente ao povo que dominam.

O povo da Guiné "Portuguesa" e das Ilhas de Cabo Verde pode orgulhar-se de ter contribuído eficazmente para esta vitória, através da ação revolucionária dos patriotas guineenses e cabo-verdianos.

---

[27] O Conselho de Administração Fiduciária da ONU foi um órgão criado em 1945 com o objetivo de supervisionar a administração de territórios colonizados, supostamente garantindo que esses territórios avançassem em direção à autodeterminação e à independência. Composto por membros da ONU, o conselho monitorava as condições sociais, políticas e econômicas nesses territórios, que incluíam regiões em processo de descolonização. Suas atividades foram gradualmente reduzidas após a descolonização de muitos territórios nas décadas de 1960 e 1970. Em 1994 foi oficialmente suspenso.

Aqui estamos, neste momento decisivo da história da humanidade, e em particular dos povos africanos, firmes e decididos a destruir completamente o nosso inimigo. Explorados, oprimidos, maltratados, presos, torturados, massacrados, mas ainda de pé.

Nenhuma força pode perturbar a nossa determinação nem evitar a liquidação urgente e total da dominação portuguesa em nossos países. Porque o nosso povo tem consciência destes direitos, porque nós também, como cantou David Diop em sua linguagem inconformista de esperança e certeza, não gostamos desta "África dos colonialistas portugueses". Amamos certamente a África Africana, livre de qualquer tipo de dominação estrangeira, de encontro com sua história, dona de seu próprio destino — a África que os poetas da Negritude souberam sonhar e anunciar.

Contudo, libertar-nos da dominação estrangeira não é a única preocupação do nosso povo. Aprenderam através da experiência e da opressão colonial que a exploração do homem pelo homem é o maior obstáculo ao desenvolvimento e ao progresso do povo para além da libertação nacional. Nosso povo está determinado a participar ativamente na construção de uma Nova África, verdadeiramente independente e progressista, baseada no trabalho e na justiça social, na qual o poder criativo do povo, sufocado durante séculos, deve encontrar sua mais livre e construtiva expressão. Os povos da Guiné e de Cabo Verde já deram, como escravos e colonizados, uma contribuição anônima, mas considerável, para o progresso mundial. Agora estamos determinados a sair do anonimato e reivindicar nossa personalidade e dignidade como homens e africanos, para continuar a servir o progresso e o bem-estar da humanidade, dando o melhor de nós mesmos, mas em uma maior igualdade com outros povos do mundo.

Para atingir este objetivo, nosso povo deve destruir o primeiro obstáculo: superar a situação aparentemente absurda em que nos encontramos e pôr fim à dominação colonial portuguesa em nossos países.

Para destruir esse obstáculo, somos obrigados a lutar, lutamos e lutaremos até o fim de nossas forças, com a certeza de que a vitória final pertencerá ao nosso povo.

Somos e devemos estar conscientes de que a nossa vitória não será fácil. Temos uma experiência centenária da natureza do nosso inimigo e das particularidades que o caracterizam em relação a outras forças colonialistas. Embora esteja isolado, não devemos esquecer que nosso inimigo ainda possui forças de destruição muito superiores às nossas e que de forma clara ou velada, é ajudado e apoiado por outras forças hostis à liberdade e ao progresso dos povos africanos.

Ao lutar contra o colonialismo português, lutamos contra todas as forças inimigas da África, lutamos contra o imperialismo mundial. Se realmente quisermos derrotar nosso inimigo, chegar mais rapidamente ao dia da vitória e reduzir os inevitáveis sacrifícios que a luta exige do nosso povo, não devemos perder de vista a realidade objetiva da nossa situação, sempre integrada ao contexto histórico dos nossos dias.

As características essenciais do nosso tempo. A agonia do imperialismo. O caso português.

A destruição do colonialismo e a luta contra o imperialismo constituem uma das características essenciais do nosso tempo. O desenvolvimento do capitalismo, ocorrido de forma intensa na segunda metade do século XIX, conduziu, com base no monopólio e na luta pela conquista das matérias-primas, à primeira grande distribuição do globo. Essa distribuição ocorreu ao longo do período do século XIX ao século XX. Deu África a meia dúzia de potências europeias, principalmente Inglaterra, França e

Alemanha: os povos africanos foram dominados pela força, o roubo da riqueza material e humana do nosso continente foi posto em prática com base na superioridade técnica dos meios de produção e de trabalho dos países capitalistas.

Mas o imperialismo ou a fase monopolista do capitalismo não conseguiu escapar às suas próprias contradições e, através da violência (Primeira Guerra Mundial), as potências vitoriosas procederam a uma nova divisão do globo, especialmente caracterizada pelo fortalecimento da posição colonial da Inglaterra e da França, pela exclusão da Alemanha da exploração direta dos povos e países ditos atrasados.

Na fase final deste conflito, a vitória da Revolução de Outubro e o estabelecimento definitivo do socialismo em 1/8 da superfície do globo, desferiu ao imperialismo o primeiro grande golpe.

Privado de fontes de matérias-primas e de lucros excedentes, o capital financeiro alemão, aliado ao italiano e ao japonês, tentou resolver o problema pelo caminho mais curto: colonizar os próprios países europeus. A Segunda Guerra Mundial foi o resultado dos antagonismos que caracterizam o desenvolvimento do imperialismo, mas veio a influenciar decisivamente o destino dos povos, principalmente o dos povos africanos. Paralelo ao fortalecimento do campo socialista há outra característica essencial do nosso tempo: os povos dependentes despertaram para a luta de libertação e abriu-se, assim, a fase final da liquidação do imperialismo. A solução final deste novo conflito pode exigir mais ou menos tempo, não há dúvida de que mais do que a luta de classes nos países capitalistas e o antagonismo entre estes países e o mundo socialista, mas a luta pela libertação dos povos coloniais é a característica essencial, diríamos que é o principal motor da marcha da história hoje: é esta luta, este conflito nos três continentes, que faz parte da nossa luta de libertação nacional contra o colonialismo português.

Confrontados com o poder das principais nações imperialistas, não podemos deixar de nos perguntar como foi possível a Portugal, um país subdesenvolvido e atrasado, manter suas colônias apesar da divisão a que o mundo estava sujeito.

O colonialismo português conseguiu sobreviver apesar da divisão da África levada a cabo pelas potências imperialistas no final do século XIX, porque a Inglaterra apoiou as ambições de Portugal que, especialmente depois do Tratado de Methuen[28], tornou-se uma semi-colônia inglesa.

A Inglaterra tinha interesse em utilizar as colônias portuguesas, não só para explorar os recursos econômicos, mas também para ocupá-las como bases de apoio na rota para o Oriente e assim manter o domínio absoluto no Oceano Índico. Para frustrar a inveja de outras potências colonialistas e defender seus interesses em relação às colônias portuguesas, a Inglaterra encontrou a melhor solução: defendeu os "direitos" da sua semi-colônia. É por isso que, por exemplo, Portugal concedeu a uma empresa privada, dirigida por interesses ingleses, direitos soberanos sobre uma área que compreende 17% do território de Moçambique. É por isso que, antes da Segunda Guerra Mundial, o número total de investimentos ingleses nas colônias portuguesas foi estimado em 25 milhões de libras esterlinas.

A prostituição dos países africanos que dominava foi uma prática comum da política colonial portuguesa frente aos interesses

---

28 O Tratado de Methuen, assinado em 1703 entre Portugal e a Inglaterra, estabeleceu um acordo comercial que favorecia os produtos britânicos, especialmente o têxtil, em troca de proteção militar inglesa e de preferência para o vinho português no mercado britânico. Esse tratado foi crucial para a relação entre os dois países, fortalecendo a aliança anglo-portuguesa e impactando significativamente a economia portuguesa ao aumentar as exportações de vinho, enquanto favorecia os interesses britânicos na Península Ibérica.

imperialistas. Foi apenas com o apoio destes interesses que o colonialismo português conseguiu sobreviver na África.

Além disso, foram criados projetos de lei que autorizam a venda da Guiné e de Moçambique, das colônias indianas de Macau e de Timor, por um bilhão, duzentos e cinquenta milhões de escudos, depositados na Câmara dos Deputados de Portugal (1883 e 1891), o que comprova o apetite dos colonialistas portugueses. O Duque de Palmela, por exemplo, ofereceu a cidade de Lourenço Marques à Inglaterra, em troca de sua ajuda à causa do liberalismo português.

Portugal era apenas o guardião, por vezes invejoso, dos recursos humanos e dos bens materiais dos nossos países a serviço do imperialismo mundial. Esta é a verdadeira razão da sobrevivência do colonialismo português na África.

Assim, mais do que a presença de algumas outras potências na África, a de Portugal esteve, e continua a estar, dependente da presença de outras potências colonizadoras, principalmente da Inglaterra. E não é por acaso, ou por simpatia para com o governo português, que o governo britânico ajuda Portugal na guerra de extermínio em Angola. É para defender os interesses do capital inglês.

A liquidação progressiva do colonialismo britânico e francês e o isolamento do governo fascista de Portugal no contexto internacional são condições favoráveis para a vitória da nossa luta de libertação. No entanto, não devemos perder de vista o fato de que as forças imperialistas mundiais, em particular os capitais diretamente interessados na riqueza das colônias portuguesas, são o principal apoio dos colonialistas portugueses.

Ao lutar contra os colonialistas portugueses, estamos, portanto, lutando contra o imperialismo. Esta é uma das principais razões da dificuldade e do possível prolongamento da nossa luta.

Mas o imperialismo está, hoje, mergulhado nas contradições mais profundas, está morrendo. As mudanças formais a que é obrigado a proceder são a prova da atual fraqueza e decomposição do imperialismo. Como resultado das condições materiais do nosso tempo, reforçadas pela crescente superioridade das forças progressistas, o imperialismo será totalmente liquidado. No entanto, temos certeza de que isso não é possível sem luta. Os povos da Guiné e de Cabo Verde, ao lutarem contra o colonialismo português, contribuem efetivamente para alcançar a liquidação total do imperialismo. Para esta missão histórica, o nosso povo está ao lado de outros povos africanos e de todas as forças anti-imperialistas do mundo.

A revolução africana. Vitória e fracasso. A evolução da África.

Uma análise da história dos povos africanos demonstra que eles nunca pararam de lutar até ao fim de suas forças contra a dominação estrangeira. A luta pela liberdade e contra a dominação estrangeira é um fato concreto e permanente na tradição histórica dos povos do continente africano. Produzido em diversas formas, atesta a vocação inalienável destes povos para determinarem seu próprio destino — livres e independentes de pressões estrangeiras. O direito à autodeterminação e à independência é certamente a expressão da tradicional e ainda manifesta combatividade dos povos africanos contra a dominação estrangeira.

Na realidade, a dominação, pilhagem e exploração dos africanos e da África pelas potências colonialistas só poderia assumir grandes proporções quando os países imperialistas, sob a direção e inspiração das potências europeias, implementassem na prática a formação de uma frente imperialista mundial contra os povos africanos. A Conferência de Berlim em 1885 foi um passo decisivo na subjugação da África pelo imperialismo. Apesar da superioridade técnica dos países imperialistas, baseada, aliás, no monopólio europeu dos valores criados pelas civilizações milenares da África e da Ásia, a dominação estrangeira nunca foi completa.

Os povos africanos nunca deixaram de manifestar seu ódio ativo à dominação estrangeira. Esta é a feliz tradição dos povos de África frente a essa dominação.

A luta de libertação dos povos africanos está, portanto, na linha desta tradição, deste ódio ativo contra a dominação estrangeira, que adquiriu novas formas nesta fase decisiva da evolução do mundo.

Basta olhar para o mapa político da África hoje para reconhecer que grandes vitórias já foram alcançadas pelo povo africano. Mas basta também acompanhar atentamente os acontecimentos centrais desta luta para reconhecer que muitos e grandes erros foram cometidos. O ano de 1960 — o ano da África — é fértil em exemplos relativos tanto às vitórias como aos fracassos da luta de libertação dos povos africanos.

Durante esse ano, os países africanos independentes registaram progressos consideráveis no que diz respeito à consolidação de sua independência; vários países conquistaram a independência; os povos ainda sob a dominação colonial clássica reforçaram a sua luta de libertação; uma vez mais o heróico povo argelino fez a história avançar mais rapidamente; e a nível internacional, um dinamismo político não completamente desprovido de contradições, mas muitas vezes frutífero, resultou em alguns resultados excelentes.

Contudo, 1960 não perderá o seu atributo de "ano de África", se também levarmos em conta as falhas registadas e os erros cometidos. Pelo contrário, a análise concreta destes fracassos e erros, de suas causas, natureza e efeitos, reforça o caráter africano do ano de 1960.

Vários povos tiveram suas aspirações desrespeitadas pela independência nominal, e foram submetidos a uma nova forma de colonialismo. Os povos da África do Sul, bem como os dos nossos próprios países, Angola, Moçambique e outras colônias portuguesas, continuam sujeitos à exploração mais violenta e à repressão colonial mais bárbara. As lutas internas marcaram a existência de alguns povos africanos e criaram obstáculos à essencial unidade nacional. A prática da solidariedade africana revelou uma certa hesitação e até uma improvisação que nossos inimigos tiveram de explorar a seu favor. E, talvez, o mais importante, mas certamente o mais dramático dos fracassos e também dos erros, seja o caso do Congo, cuja trágica síntese foi o assassinato de Patrice Lumumba.

Se as vitórias devem ser motivo de coragem e estímulo na marcha dos povos africanos rumo ao progresso, a consciência dos nossos fracassos e dos nossos erros tomada através de uma análise lúcida e de críticas justas deve fortalecer nossa luta, enriquecer nossa experiência e, portanto, tornar mais segura a conquista de novas vitórias.

Na verdade, essas falhas e erros nos ensinaram várias coisas muito importantes. Hoje conhecemos melhor tanto os nossos amigos como a natureza, as forças e as formas de ação dos nossos inimigos, a eficácia ou ineficácia dos meios de ação a que podemos recorrer. Não menos importante que tudo isto é que agora conhecemos a nossa própria natureza. Podemos dizer que o ano de 1960, mais precisamente o caso do Congo, devolveu ao Africano suas dimensões humanas.

Face às nossas vitórias ou frente aos nossos fracassos, não devemos esquecer que nenhum dos nossos inimigos foi verdadeira e completamente derrotado e banido da África. Os colonialistas-fascistas portugueses massacram o nosso povo, especialmente em Angola, os racistas-fascistas da África do Sul continuam todos os dias a sua odiosa política de *apartheid*; os colonialistas belgas colocaram mais uma vez em solo congolês o único pé que foram obrigados a retirar; os imperialistas e colonialistas ingleses redobram sua imaginação e cinismo, procurando manter seu domínio total na

África Oriental e seu domínio econômico nas colônias da África Ocidental; os imperialistas e colonialistas franceses matam populações indefesas na Argélia, detonando bombas atômicas em solo africano, tentando criar um novo absurdo ao mesmo tempo geográfico, histórico e técnico na província francesa do Sahara e procurando fortalecer seu domínio econômico sobre alguns de nossos povos; os imperialistas estadunidenses emergem das sombras e, espantados com a fraqueza de seus parceiros, procuram, com mais ou menos flexibilidade, substituí-los em toda parte.

Mas a nossa luta é um fato concreto e nada pode impedir a marcha do povo africano em direção ao progresso e à felicidade. Esta é a marcha da história.

No entanto, se quisermos neutralizar a ação retardadora levada a cabo pelos nossos inimigos e por seus lacaios, devemos reforçar os meios de ação e a vigilância da revolução africana. Vamos tentar ser precisos. Para nós, a *revolução africana* significa: transformação da vida econômica atual das sociedades africanas em direção ao progresso. Esta transformação exige como pré-condição a liquidação da dominação econômica estrangeira da qual dependem todos os outros tipos de dominação. Fortalecer os *meios de ação* significa: desenvolver meios eficazes e criar outros, com base na emergência da realidade concreta da África e de cada país africano, e do conteúdo universal da extinção ou da liquidação de todos os fatores contrários ao progresso, bem como às experiências adquiridas em outros ambientes e por outros povos. *Vigilância* significa: seleção rigorosa de amigos, monitoramento e luta permanente contra os inimigos (externos e internos), neutralização ou liquidação de todos os fatores contrários ao progresso.

Não devemos esquecer que a revolução africana está a serviço da paz e do progresso de toda a humanidade. Se o povo africano conseguir tomar em suas mãos, explorar e desenvolver racionalmente todas as riquezas naturais e humanas de seus países, isso dará uma contribuição decisiva para a paz mundial, o desaparecimento total do imperialismo. E também uma contribuição eficaz ao progresso da humanidade, para mostrar que nós também fazemos parte da humanidade e porque a liquidação das ideias do imperialismo na África, embora seja uma condição de segurança para os povos defensores da paz, facilitará a emancipação social e política de amplas massas populares dos países imperialistas e colonialistas.

Nossa tarefa não é fácil. Devemos enfrentar e superar muitas dificuldades, derivadas das contradições da nossa vida e do nosso desenvolvimento, criadas ou impostas pelos inimigos do progresso de nossos povos. Neste momento, uma dificuldade primária — a chave para a conquista da autonomia política — já foi ultrapassada, apesar da permanência de algumas zonas do colonialismo clássico, que por toda a parte tem os dias contados. Nos parece que atualmente as maiores dificuldades dizem respeito à conquista da independência econômica, à consolidação da independência nacional, à luta contra o neocolonialismo.

A rapidez e a multiplicidade de aspectos assumidos pela revolução africana e também as manobras e maquinações arquitetadas pelos nossos inimigos estão na origem destas dificuldades. Em vários países, a luta de libertação não conseguiu atingir um caráter revolucionário. Os resultados positivos do ano 1960 não podem nos fazer esquecer a realidade de uma crise da revolução africana.

Qual é a natureza dessa crise? Nos parece que, longe de ser uma crise de crescimento, é sobretudo uma crise de conhecimento. Em vários casos, a prática da luta de libertação e as perspectivas para o futuro não são apenas desprovidas de base teórica, mas também mais ou menos desligadas da realidade concreta do meio. As experiências locais, bem como as de outros lugares, relativas à conquista da independência nacional, à unidade nacional e às bases para a construção do progresso, foram ou são esquecidas.

As condições históricas dos dias atuais são muito favoráveis à marcha vitoriosa da revolução africana. Para agir de acordo com estas condições favoráveis, que os africanos também criaram, nos parece que entre as necessidades a satisfazer, são muito importantes as três seguintes:

a) o conhecimento concreto da realidade de cada país e da África, bem como as experiências concernentes a outros povos.

b) desenvolvimento, em bases científicas, dos princípios que devem orientar a marcha de nossos povos rumo ao progresso — à luta de libertação e à independência econômica.

c) definição de medidas práticas a serem adotadas em cada caso particular.

Agora, nosso problema fundamental consiste em resolver a principal contradição da nossa vida, a contradição entre os interesses do nosso povo e os interesses dos colonialistas portugueses. Isto significa que tanto a nível nacional como a nível continental, o nosso problema consiste na liquidação urgente e total do domínio português na Guiné e em Cabo Verde. É para resolver este problema que travamos uma luta de vida ou morte em condições particularmente difíceis, dada a natureza do colonialismo português.

Estamos firmemente determinados a nos libertar do jugo colonialista e imperialista mesmo no caso de não termos ajuda. Mas estamos conscientes de que a nossa luta é a de todos os povos sujeitos à dominação estrangeira, seja qual for a forma dessa dominação. Dadas as condições particularmente difíceis da nossa luta, contamos em particular com o apoio e a ajuda concreta dos povos africanos, especialmente dos nossos países vizinhos.

Sendo a luta pela independência nacional a nossa principal preocupação, não podemos esquecer que a independência é apenas um dos meios necessários para construir o progresso dos nossos povos. Devemos, através da luta de libertação, considerar o problema do futuro dos nossos povos, de sua evolução econômica, social e cultural rumo ao progresso. Esta evolução e este futuro devem ser considerados no contexto africano, porque a Guiné e Cabo Verde são partes integrantes da África e nós somos povos africanos.

Estamos convencidos de que as conquistas do homem no campo da ciência e da tecnologia, bem como da história, da economia, da sociologia e das relações entre os povos, permitem dispor de meios de pensamento e de ação eficazes para desenvolver os recursos naturais e humanos de qualquer país e construir a paz, o bem-estar e o progresso para todos. As grandes massas populares exploradas e submetidas, como os povos da Guiné e de Cabo Verde, à pobreza, à ignorância e ao medo, recuperaram sua dignidade humana e criaram as bases necessárias para o progresso econômico, social e cultural. A moral do nosso tempo — internacional, política e social — condenou definitivamente a dominação estrangeira, seja qual for sua forma, e reconheceu o direito de todos os povos decidirem seu próprio destino. A necessidade e a inevitabilidade da liquidação completa da exploração do homem pelo homem torna-se cada dia mais evidente. Enquanto o vento indomável do nacionalismo varre os continentes, e particularmente a África, criando novas nações, a colaboração e mesmo a associação entre as nações revelam-se cada vez mais como uma condição favorável, se não essencial, para a segurança e o rápido progresso dos povos.

Com base nesta realidade objetiva e nos princípios de sua evolução, queremos alcançar um futuro digno, de trabalho, de construção, de justiça e de progresso; queremos uma evolução rápida, condicionada pelas realidades concretas dos nossos países, da África e do mundo.

Em relação à África, defendemos a colaboração fraterna entre os povos africanos, contra os nacionalismos estreitos que não servem aos verdadeiros interesses do povo. Em nossa opinião, a soberania nacional deve ser definida em função dos fatores determinados pelo progresso real de cada povo, da vitória sobre o subdesenvolvimento econômico, da possibilidade de criação de meios materiais e humanos essenciais à construção pacífica do bem-estar e da felicidade para todos.

Uma análise concreta da realidade africana, das particularidades geográficas, históricas e mesmo étnicas que caracterizam a África, nos permite admitir que novas formas de existência econômica, política e social se desenvolvem no continente. Através de contradições e até de conflitos, essas novas formas, ainda embrionárias, irão gradualmente se definir em suas estruturas e, talvez, em sua originalidade. A rapidez desse desenvolvimento e o sucesso da estruturação definitiva das novas sociedades africanas depende, sobretudo, da análise concreta dos fatores em questão, da medida em que esse estudo se baseará em fundamentos científicos, da capacidade de saber, na transformação de cada fator principal e do todo, da teoria para a prática e desta para aquela. Não devemos esquecer que quaisquer que sejam as particularidades do caso africano e a possível originalidade das sociedades africanas, as leis de seu desenvolvimento são as mesmas de todas as outras sociedades humanas.

Defendemos a unidade africana, a nível regional ou continental, como meio necessário para construir o progresso dos povos africanos, para garantir sua segurança e a continuidade deste progresso. Estamos convencidos de que o problema da unidade africana deve ser abordado com o melhor senso da realidade e que não será alcançado de um dia para o outro, mas sim por etapas. A liquidação total do colonialismo e de suas consequências, a conquista prévia da independência nacional de cada país ou colônias, a transformação das estruturas econômicas e sociais e a aproximação das novas estruturas criadas nos diferentes países devem, em nossa opinião, constituir a base fundamental para a realização da unidade africana. Não devemos esquecer que uma característica essencial da história dos nossos países, a situação concreta de África e a experiência já vivida pela evolução africana exigem, para além da liquidação total e definitiva do colonialismo, a construção do progresso dos povos. Estamos convencidos de que, se este programa não pode se concretizar sem a liquidação total do colonialismo e de suas consequências, sem uma verdadeira independência, não é menos verdade que os povos africanos não poderão compreender esta independência se continuarem a levar uma vida miserável e plena de sofrimento. Falamos apenas em nome do povo da Guiné "Portuguesa" e das ilhas de Cabo Verde, porque temos a certeza de que o nosso povo quer acabar rapidamente com a exploração, a miséria, a ignorância e o medo. É por isso que lutam contra o colonialismo.

A união das forças materiais e humanas dos países africanos criará condições favoráveis para a construção do progresso, desde que os povos sejam donos de seu destino. É com amargura que constatamos as divisões, querelas e desentendimentos existentes entre os países africanos. Esperamos vivamente que os líderes africanos, com base nos interesses fundamentais da África, consigam harmonizar seus pontos de vista, pôr fim às disputas que os separam e unir-se firmemente contra todos os inimigos dos povos africanos. Por isso, saudamos com entusiasmo todas as tentativas ou conquistas relativas à aproximação e à colaboração fraterna entre os países africanos.

A situação geográfica de nossos países, a condição colonial que nos é imposta e da qual vamos sair, a história e mesmo a etnicidade de parte de nossas populações, conferem um caráter particular às nossas relações atuais e futuras com os povos irmãos, nossos vizinhos. O direito sagrado de nossos povos à autodeterminação e à independência nos obriga a contribuir com o nosso melhor para a consolidação da independência e a construção pacífica do progresso na região africana a que pertencemos. Queremos ser um elo entre nossos irmãos, porque o passado separou os povos africanos, mas o presente e o futuro devem uni-los. Estamos determinados a trabalhar por essa união!

Em relação aos conflitos internacionais, aos quais devemos nos manter atentos, estamos convencidos de que a nossa luta de libertação representa uma tomada de posição. A definição de uma política a nível internacional será de responsabilidade dos governos de nossos países. Contudo, como combatentes contra o colonialismo e o imperialismo, estamos firme e necessariamente ao lado de todas as forças anti-imperialistas e anti-colonialistas, seja qual for o país. Nesta fase da nossa luta, todos aqueles que estão contra os colonialistas portugueses, pelo direito dos nossos povos à autodeterminação e à independência, são nossos amigos e aliados. Todos os que, de forma aberta ou velada, apóiam os colonialistas portugueses, contra o direito sagrado dos nossos povos à autodeterminação e independência, são nossos inimigos e aliados do nosso principal inimigo.

Tanto a nível nacional como internacional, nosso inimigo é apenas um: os colonialistas e as forças que os apoiam. Nosso objetivo é apenas um: liquidar completamente a dominação estrangeira em nossos países.

É em torno deste objetivo sagrado que devemos unir todas as forças, concentrar todo o apoio e toda a ajuda para acelerar a libertação dos nossos povos do odioso jugo colonialista.

O nosso inimigo: isolamento e contradições. A luta do povo de Angola e de outras colônias.

O nosso povo, que distingue entre o governo colonial fascista e o povo de Portugal, não luta nem quer lutar contra o povo português. Lutamos e lutaremos até à vitória final contra os colonialistas portugueses.

Contudo, a situação objetiva das grandes massas populares de Portugal, oprimidas e exploradas pelas classes dominantes de seu país, deve fazê-las compreender as grandes vantagens que trará para elas a vitória dos povos africanos sobre o colonialismo português.

Às classes cultas de Portugal e especialmente aos democratas progressistas, cabe a missão de ajudar o povo português a destruir os vestígios virulentos da ideologia escravagista e colonialista, que determinam, de uma forma geral, seu comportamento negativo frente às justas lutas dos povos africanos. No entanto, estas classes cultas deveriam, neste sentido, superar sua mentalidade colonialista, feita de preconceitos e de um desdém infundado em relação ao valor e à capacidade dos povos africanos.

Os democratas portugueses não conseguirão compreender de fato as justas exigências do nosso povo enquanto não estiverem convencidos de que a tese da "imaturidade para a autodeterminação" é falsa, e enquanto não perceberem que a opressão não é, e nunca será, uma escola de virtudes e aptidões para nenhum povo.

Devemos reafirmar claramente que, embora sendo contra qualquer fascismo, os nossos povos não lutam contra o fascismo português, *lutamos contra o colonialismo português*. A destruição do fascismo em Portugal deve ser uma obra do povo português: a destruição do colonialismo português deve ser obra do nosso próprio povo.

Estamos conscientes das relações íntimas entre o colonialismo e o fascismo português. Os colonialistas e a exploração colonial estão certamente na base do fascismo português e de seu fortalecimento.

Se a queda do fascismo em Portugal não conduzir ao fim do colonialismo português, — sendo esta hipótese também levantada por alguns dos líderes da oposição portuguesa — temos certeza de que a liquidação do colonialismo português levará à destruição do fascismo em Portugal. Através da nossa luta de libertação, contribuímos de maneira eficaz para a queda do fascismo português e damos ao povo de Portugal a melhor prova da nossa solidariedade. Este fator é motivo de orgulho para o nosso povo, que espera a mesma solidariedade do povo português, reforçando a luta contra o fascismo.

Se a oposição portuguesa fosse capaz de alcançar a sua própria unidade, de aceitar abertamente o princípio da autodeterminação e da independência por nossos povos (como já fizeram algumas de suas facções) e de guiar o povo português na ação direta contra o fascismo, estaríamos prontos para considerar uma aliança das nossas forças e das forças democráticas e progressistas portuguesas para a liquidação simultânea do colonialismo português e do fascismo.

Na luta contra as mesmas forças inimigas, seriam lançadas as bases de uma amizade e de uma colaboração futura a serviço dos interesses do nosso povo e do povo português.

No entanto, o poder em Portugal permanece nas mãos dos colonialistas fascistas.

O nosso povo acalentou durante muito tempo a esperança de uma solução pacífica para o conflito com o governo portugês. Em vez de decidir tomar uma atitude corajosa e cumprir suas obrigações para com nossos povos, o governo português recorreu a todos os meios disponíveis para fortalecer e tentar manter seu domínio. Além disso, com a eclosão da guerra colonial e de extermínio em Angola, onde o povo africano luta heroicamente pela dignidade e pela independência, o governo português desferiu o golpe final nas esperanças daqueles que aguardavam uma derrota pacífica de seu sistema colonial. Nosso povo está hoje extremamente convencido de que os colonialistas portugueses só serão expulsos da África pela força.

No que diz respeito às Nações Unidas, e apesar das resoluções favoráveis que a solidariedade dos povos africanos e asiáticos e as forças progressistas do mundo têm adotado em relação à nossa luta, tem-se mostrado incapaz de resolver as disputas entre os povos colonizados e as potências colonialistas.

A hipótese de uma mudança de posição ou da decadência do colonialismo português é apenas um sonho oportunista ou o resultado de uma análise errada da natureza e da história da colonização portuguesa na África. Resta, portanto, aos nossos povos, como aos das outras colônias portuguesas, apenas um caminho para a sua libertação: se preparem o melhor possível para destruir em seus próprios países as principais forças dos colonialistas portugueses.

Nossos povos formaram, com os de outras colônias portuguesas, uma frente única na luta contra o colonialismo português. A conferência das Organizações Nacionalistas das colônias portuguesas (Casablanca, 18 a 21 de Abril de 1961) e a criação de um órgão permanente para a coordenação da nossa luta comum foram a manifestação mais recente desta unidade. Só o desespero, o desconhecimento de fatores históricos essenciais e uma interpretação errada do valor do homem, baseada no subdesenvolvimento econômico e na supremacia do dinheiro sobre o caráter, poderiam explicar a atitude anacrônica, diríamos a loucura, do governo português.

Esse governo está, no entanto, consciente de uma realidade: *nenhuma força pode impedir a liquidação total do colonialismo português*. A partir do momento em que o nosso povo, e o das outras colônias portuguesas, se envolveram na luta de libertação, o colonialismo português foi condenado a desaparecer, como todos os outros colonialismos. Certamente que a atitude negativa do governo português causa, e causará, graves perdas ao nosso povo, mas comprometerá catastroficamente o futuro de Portugal como nação. A dialética da repressão e da guerra colonial provou que, hoje, nenhum agressor colonial sairá vitorioso contra os povos determinados a conquistar sua liberdade.

O Governo português, não vendo outra solução senão a guerra de extermínio em Angola, pode ter certeza de que o heróico povo angolano liquidará completamente o colonialismo português no solo de sua pátria. Que seja tão certo que se não ocorrer uma mudança repentina de sua posição em relação à luta do povo angolano, nossos povos não poderão deixar de se defender ativamente contra a repressão colonial e, através da ação direta, se envolver na luta para liquidar as forças colonialistas portuguesas, como acontece em Angola.

Perante esta perspectiva, renovamos nosso apelo ao povo português, à oposição portuguesa e aos próprios colonos portugueses para que decidam tomar medidas concretas e imediatas para parar a guerra colonial em Angola e evitar a tempo o desencadeamento de uma nova guerra colonial na Guiné e em Cabo Verde. Renovamos também o nosso apelo a todas as pessoas que amam a paz e a liberdade, bem como aos governos ocidentais, em particular aos dos países da OTAN, para que cessem todo o seu apoio ao colonialismo português e tomem medidas concretas, no plano econômico, diplomático e mesmo militares para acabar com com a guerra colonial em Angola e evitar novas guerras coloniais em outros países africanos dominados por Portugal.

Conscientes de que a libertação de nossos países depende principalmente da ação de nossos próprios povos, de sua unidade, de sua capacidade de organização e de sua preparação para a luta, estamos firmemente determinados a superar todas as dificuldades, a desenvolver a nossa luta, em bases racionais e, quaisquer que sejam os meios necessários, liquidar a odiosa dominação colonial portuguesa em nossos países.

A situação de nossos países. O desenvolvimento da luta.

Com base em nosso legítimo direito à insurreição contra a dominação estrangeira, nossos povos lançaram a luta política de libertação, que assumirá as formas exigidas pelo seu desenvolvimento.

A nossa luta se insere na tradição de resistência patriótica do povo da Guiné e de Cabo Verde.

A resistência do povo de Guiné, derrotado pela força das armas, nunca deixou de se manifestar: revoltas, resistência passiva, emigrados em massa para os territórios vizinhos e, como é o caso dos nossos irmãos bijagós de Canhabaque, a recusa total no pagamento de impostos. Nosso povo obteve grandes vitórias contra a superioridade técnica das armas portuguesas. Nosso povo lutou corajosamente até o fim de suas forças contra as tropas colonialistas.

Nas ilhas de Cabo Verde, inúmeras revoltas, desde o período da escravidão, mostraram o ódio do povo à dominação portuguesa. Principalmente em S. Tiago, S. Antão e S. Vicente, através de manifestações, greves e revoltas, o povo se insurgiu diversas vezes contra os senhores de terra e contra a dominação estrangeira.

A nossa luta é apenas continuação daquela liderada pelo nosso povo contra os colonialistas portugueses.

Na Guiné e nas ilhas de Cabo Verde, a situação está piorando de forma acelerada devido ao próprio agravamento da opressão portuguesa, e como consequência do desenvolvimento da nossa luta de libertação.

Na Guiné, depois do massacre no cais de Pidjiguiti (Bissau, 3 de agosto de 1959) na qual soldados e civis portugueses mataram a tiro dezenas de trabalhadores guineenses em greve em uma onda de repressão e terror, planejada e comandada pela PIDE (polícia política) que tornou a vida e a luta do povo da Guiné ainda mais difícil. Ao mesmo tempo, a administração colonial conseguiu criar, através do aumento da exportação de arroz e às custas de grande parte do povo guineense, uma nova arma de opressão: a fome. Não contente com essas medidas, cujo objetivo óbvio é tentar quebrar a firme determinação do povo quineano para se libertar do domínio colonial, o Governo português se prepara avidamente para afogar em sangue qualquer tentativa de insurreição por parte deste povo.

Muito recentemente, para além da repressão policial e armada, a Administração colonial recorre a táticas não violentas: doações, subornos, visitas dos "líderes tradicionais" a Portugal, concessão de bolsas de estudo, transmissões de rádio especiais para os povos indígenas, criação de dissidências e disputas entre diferentes grupos étnicos com o objetivo de conquistar parte da população e "dividir para governar".

Desconcertada com a firme determinação do povo ganense em liquidar a dominação portuguesa, a administração colonial, após o fracasso de algumas reuniões de sondagem sobre a presença portuguesa, preparou-se para eliminar algumas das lideranças tradicionais. Afirmam exercer uma ação direta e um melhor controle das massas populares, bem como forçam a sua submissão, concedendo autoridade especial a certos traidores africanos.

Para garantir o apoio de certas potências, o Governo português concedeu grandes facilidades ao capital não português para a exploração colonial das riquezas naturais (petróleo, bauxita, etc.) e dos valores humanos da Guiné. Além disso, o Governo português pretende instalar bases militares da OTAN na Guiné e nas Ilhas de Cabo Verde, ao mesmo tempo que considera a possibilidade de reforçar os meios de repressão contra os nossos povos.

O Governo português ainda está em processo de desenvolvimento de um plano para o envio de milhares de famílias de colonos portugueses para a Guiné em caráter de urgência, pois acredita que o aumento da população europeia poderá abrandar o desenvolvimento da nossa luta de libertação.

Nas ilhas de Cabo Verde, para além das medidas repressivas adotadas pela Administração Colonial e pela PIDE, o Governo português voltou a permitir que cerca de 10.000 pessoas morressem de fome em 1958-1959. A população cabo-verdiana que, apenas em um período de seis anos (1942 a 1947) sofreu uma redução de 30.000 a 40.000 pessoas dizimadas pela fome, permanece à mercê de *crises agrícolas* e está sujeita à exportação de milhares de crianças como *trabalhadores contratados* para as plantações portuguesas de outras colônias.

O desemprego atingiu limites catastróficos, principalmente em S. Vicente, onde centenas de trabalhadores foram despedidos das empresas inglesas.

Os camponeses, que constituem a maioria da população, e a sua totalidade nas Ilhas Agrícolas (S. Tiago, S. Antão, S. Nicolau, Fogo) vivem à mercê das chuvas, enquanto o "plano de desenvolvimento econômico" é apenas uma mistificação, uma fonte de enriquecimento para as autoridades coloniais.

As condições favoráveis à economia do país, como o grande porto de S. Vicente, o aeroporto de Santa Maria, as riquezas dos mares não são aproveitadas ou são muito mal aproveitadas e nunca em benefício das populações locais.

A massiva e clandestina emigração para o Senegal é uma prova clara da situação desesperadora em que o povo de Cabo Verde é forçado a viver. Esta situação, como na Guiné, tornou-se muito difícil de suportar frente à repressão policial desencadeada pelos colonialistas usados para frear nossa luta de libertação.

Na Guiné, a produção agrícola, a única base da economia sustentada pela monocultura do amendoim, regista declínios progressivos.

Milhares de camponeses abandonam as suas casas e procuram a paz e os meios essenciais para a sua sobrevivência nos países vizinhos. É assim que milhares de Balantes regressam à República da Guiné, enquanto os produtores de amendoim se instalam na República do Senegal.

Nas zonas urbanas, onde a repressão é maior, as obras do Estado e das empresas privadas foram suspensas. Centenas de trabalhadores foram despedidos sem justificativa.

Muitas empresas, especialmente no mato, abandonaram suas atividades, quer estranguladas pelo monopólio da CUF,[29] que é a verdadeira dona da Guiné, quer movidas pelo medo das consequências da nossa luta de libertação contra a repressão portuguesa.

A situação política está, portanto, cada dia mais tensa. A Guiné vive hoje em um verdadeiro estado de sítio, com todos os colonos sendo armados e as populações indígenas sujeitas a frequentes provocações dos militares e da polícia colonial.

Para enfrentar a maré crescente da nossa luta de libertação, os colonialistas portugueses reforçam constantemente o exército que hoje conta com cerca de 9.000 homens, sendo cerca de 3.500 soldados e oficiais europeus. Quase todas as semanas, barcos chegam à Guiné para descarregar soldados e materiais de guerra.

Cerca de 350 patriotas africanos foram detidos nas prisões da PIDE na Guiné, várias centenas de africanos foram deportados para o campo de concentração da Ilha das Galinhas. Em Bissau, costuma-se dizer que o PTT[30] deixará de funcionar em breve, porque grande parte dos funcionários se encontra presa ou fugiu para países vizinhos. Se diz também que o Banco Nacional Ultramarino[31] deixará de funcionar em breve, dada a crise econômica que vive e que não tem solução.

---

[29] A Companhia União Fabril foi uma das maiores empresas industriais e comerciais de Portugal durante o período colonial, e teve um papel significativo na Guiné-Bissau, onde estava envolvida principalmente na exploração e comercialização de recursos naturais, como o sisal e a produção de produtos agrícolas.

[30] Entidade responsável pela gestão e operação dos serviços de telecomunicações e correios em Portugal e suas colônias.

[31] O Banco Nacional Ultramarino foi um banco português fundado em 1864, por Francisco de Oliveira Chamiço, e que atuou até 2001. O BNU tinha como objetivo facilitar as trocas comerciais entre Portugal e suas colônias.

Em Cabo Verde, onde a pobreza, especialmente dos menos favorecidos pelo clima, atingiu os limites do desespero, mais de uma centena de jovens foram detidos em Mindelo e na Praia e deportados para o campo de concentração do Tarrafal. Foram tomadas medidas repressivas de segurança contra alguns intelectuais que gozavam de grande popularidade.

Como resultado direto do trabalho revolucionário dos patriotas africanos, a consciência das massas populares aumenta constantemente, e elas estão empenhadas na luta de libertação, exigindo apenas meios eficazes para liquidar as forças colonialistas.

Os povos da Guiné e das Ilhas de Cabo Verde estão unidos em torno do objetivo comum a todas as camadas sociais do nosso país: a liquidação da dominação portuguesa. Apesar das tentativas de dividir o nosso povo, apesar das contradições que os colonialistas criaram e mantiveram entre os "civilizados" e os "indígenas", todos os africanos estão unidos em torno do ideal comum de libertação nacional.

Mas a nossa luta obteve uma vitória maior com a unidade entre os patriotas guineenses e os patriotas cabo-verdianos residentes na Guiné, no seio do PAIGC e da Frente que este criou. Os colonialistas portugueses, que sempre tentaram separar os guineenses dos cabo-verdianos, ficaram desorientados com a sólida união de todos os africanos dentro da Guiné. Hoje, as prisões estão cheias de guineenses e cabo-verdianos, e a luta pela liquidação do colonialismo português fortaleceu os laços históricos e de sangue que unem os dois povos.

Não existem, dentro do povo da Guiné, dentro do povo de Cabo Verde ou entre os povos da Guiné e os de Cabo Verde, contradições que poderiam impedir ou retardar a unidade essencial para a liquidação do inimigo comum. Por outro lado, são sólidas a situação de exploração e de violência a que estão sujeitas todas as camadas sociais, a miséria, a ignorância e o medo que caracterizam a situação dos dois povos, a determinação de reconquistar a dignidade e a liberdade e de expulsar o mesmo inimigo, são razões sólidas para consolidar a melhor unidade de guineenses, cabo-verdianos e entre guineenses e cabo-verdianos.

Qualquer atitude contrária à unidade dos nossos povos e entre os nossos povos só pode ter fundamento na base de preconceitos raciais e tribais, que só servem ao oportunismo político, à ambição pessoal ou ao colonialismo português, contra os interesses dos nossos povos. Estamos e devemos continuar unidos, porque a unidade é a principal força dos nossos povos. Todos aqueles que realmente desejam liquidar o domínio português só podem estar fortemente unidos contra o inimigo dos nossos povos, a favor da independência nacional, do seu próprio destino. Hoje, reforçamos nossa unidade e lutamos corajosamente para libertar os nossos países do domínio colonial.

Nas condições particularmente difíceis em que lutamos, seria muito difícil conseguir mais do que o que foi alcançado em nossos países. Nos últimos dois anos, mas especialmente desde 1960, o desenvolvimento da luta, especialmente na Guiné, ocorreu de forma consistente. A atitude das próprias autoridades coloniais portuguesas demonstra este progresso dos nossos povos no caminho da libertação nacional.

Lá fora, os movimentos de libertação criados pelos emigrantes e pelos originários da Guiné e de Cabo Verde, depois de terem passado por diversas dificuldades, entram agora em uma fase de grande atividade a serviço da luta e em colaboração com a organização interna, o PAIGC.

O fortalecimento desta colaboração, a criação de uma frente única para a luta, objetivo central desta conferência, representará um grande passo adiante nesta fase preparatória para a liquidação do colonialismo português em nossos países.

O relatório de cada organização aqui presente indicará certamente a extensão do trabalho realizado e definirá as perspectivas de sua ação frente ao desenvolvimento da fase final da nossa luta. Evidentemente, essas avaliações do trabalho realizado e das perspectivas da nossa luta serão fortemente limitadas pelas condições clandestinas em que a nossa ação ainda se desenvolve dentro de nossos países.

Perspectivas da nossa luta.

O nosso povo destruirá completamente o colonialismo português, não importa quais forem as forças do nosso inimigo. Temos consciência de que muito provavelmente teremos de enfrentar uma luta difícil e longa, mas estamos determinados a enfrentá-la e sair vitoriosos.

A nossa vitória contra o colonialismo português, seja qual for o tempo necessário para alcançá-la, depende principalmente de nós mesmos, do esforço e da dedicação que demonstrarmos, da atenção dada ao estudo sério e concreto dos problemas fundamentais, do nível de perfeição da nossa organização e o nosso trabalho final, bem como a preparação que poderemos conceder aos nossos militantes. Devemos estar conscientes das forças presentes e basear nosso trabalho revolucionário nas massas populares, mobilizá-las e organizá-las para fazer o melhor possível e fornecer os meios materiais essenciais ao desenvolvimento eficaz da nossa luta.

No entanto, é certo que se a nossa ação conseguir contar com o apoio permanente e a ajuda daqueles que, como nós, estão interessados na liquidação gradual do colonialismo na África, esse apoio e esta ajuda contribuiriam efetivamente para reduzir as inevitáveis perdas, acelerar a libertação dos nossos povos e criar condições mais favoráveis para a consolidação da nossa independência.

É óbvio que, no que diz respeito a esta ajuda e apoio, os países vizinhos podem desempenhar um papel importante e decisivo se seus líderes assim o desejarem. Estamos certos da solidariedade de todos os povos africanos para com a nossa luta.

Nós, os patriotas africanos da Guiné e das ilhas de Cabo Verde, legítimos representantes das mais justas e profundas aspirações dos nossos povos que foram explorados durante séculos pelos colonialistas portugueses, declaramos perante o mundo que estamos firmemente determinados a lutar até à vitória final, até à libertação total de nossos povos da jornada colonial, quaisquer que sejam os sacrifícios e as dificuldades que teremos de enfrentar nesta luta.

Estamos conscientes do fato de que a nossa luta de libertação nacional não serve apenas ao nosso povo: também serve aos interesses fundamentais de todos os povos africanos, o progresso de todos os povos do mundo e está ao serviço da paz mundial e da felicidade de todos os seres humanos.

Estamos cumprindo nosso dever e continuaremos até o fim. Esperamos que nossos companheiros combatentes, todos os inimigos sinceros do imperialismo e do colonialismo, façam o mesmo, e temos certeza de que o farão.

VIVA A LUTA DE LIBERTAÇÃO DE TODOS OS POVOS OPRIMIDOS!

VIVA A LUTA DE LIBERTAÇÃO DOS POVOS DA GUINÉ E DE CABO VERDE.

VIVA A PAZ, A AMIZADE E A COLABORAÇÃO FRATERNA ENTRE TODOS OS POVOS!

ABAIXO O IMPERIALISMO E O COLONIALISMO!

Leia Também

Lênin anticolonial: as lutas dos povos colonizados contra o imperialismo
Vladímir Ilitch Ulianov Lênin

Este ano completa 100 anos que o revolucionário bolchevique Vladimir Ilyich Ulianov, mais conhecido pelo pseudônimo Lênin, nos deixou. Poucos lembram, mas a luta anticolonial era um tema central em seus escritos. Dos Bálcãs à Índia, passando pela Revolução Persa à queda da Dinastia Qing e o estabelecimento da República da China, o comunista russo elaborou e escreveu sobre um amplo panorama da emergência dos povos não-europeus como protagonistas na política internacional.

Além disso, Lênin também demonstra como a luta de classes nas nações periféricas é um elemento fundamental para a vitória do proletariado e o avanço rumo ao socialismo. O problema é analisado de forma multifacetada por Lênin em seus escritos sobre filosofia, política, economia e sociologia, por meio de denúncias em artigos de jornal, cartas, discursos e diretivas do partido e do Komintern. Muitos dos textos reunidos neste livro são inéditos no Brasil e marcam uma nova fase do pensamento leninista no país.

Raça, classe e revolução – A luta pelo poder popular nos Estados Unidos
Jones Manoel e Gabriel Landi Fazzio (Org.)

Mais uma vez os protestos antirracistas eclodem no coração do imperialismo. O mundo é obrigado a lembrar que, na terra da "liberdade", a população negra nunca conseguiu respirar. Em meio a esse contexto, volta a se promover um antirracismo de mercado, com ampla aceitação midiática, financiamento empresarial e simpatia do liberalismo – mas incapaz de oferecer alternativas à dominação racial-classista que vítima povo negro trabalhador.

Reunindo escritos inéditos em português do Partido dos Panteras Negras, Jovens Senhores, Boinas Marrons, Jovens Patriotas e movimentos dos povos asiáticos e indígenas nos EUA, o livro *Raça, classe e revolução – A luta pelo poder popular nos Estados Unidos* é uma arma no combate a esse antirracismo liberal, que busca se apropriar e neutralizar o legado revolucionário e radicalmente anticapitalista da Coalizão Arco-Íris – um antirracismo socialista e adversário declarado do antirracismo de mercado.

Pátria socialista ou morte – marxismo latino-americano e caribenho
Jones Manoel e Gabriel Landi Fazzio (Org.)

Por que essa sensação de paralisia histórica? A luta de classes é o motor da história, disse Karl Marx e Frederich Engels. Enquanto a burguesia e o imperialismo tiverem controle absoluto dos países da América Latina, viveremos uma eterna reprodução da dependência e do subdesenvolvimento. Não somos sujeitos da história, mas objetos das tendências mundiais do sistema imperialista, vivendo ciclos eternos de modernização tardia e incompleta. Esse conceito de Darcy Ribeiro, fundamental na sua antropologia histórico-cultural da dependência, trata de países e regiões subordinados no sistema capitalista global, que operam dinâmicas de modernização seletiva e contraditória para atender aos interesses do mercado mundial, sob a gerência da burguesia interna.

Vivemos, enquanto latino-americanos, como um proletariado externo do sistema imperialista. Existimos para transferir riqueza para fora, em ciclos periódicos de destruição criativa de pessoas e recursos naturais, e a classe dominante interna garante sua acumulação de capital e taxa de lucro a partir da superexploração da força de trabalho – dependência, transferência de valor e superexploração se irmanam na economia política do capitalismo periférico. Nessa dinâmica, não estamos mais extraindo minério de Potosí ou plantando café no Vale do Paraíba com força de trabalho escravizada de negros e indígenas. Estamos, modernamente, com máquinas ultra-avançadas e tiques linguísticos anglófonos, exportando commodities, ampliando o agrobusiness e admirando traders do mercado financeiro.

O Método Jacarta: a cruzada anticomunista e o programa de assassinatos em massa que moldou o nosso mundo
Vincent Bevins

Em 1965, o governo dos Estados Unidos ajudou o Exército indonésio a matar aproximadamente um milhão de civis inocentes – eliminando o maior partido comunista fora da China e da União Soviética e inspirando outros programas de terror semelhantes na Ásia, África e América Latina. Nesta ousada e apreensiva história, Vincent Bevins extrai de documentos sigilosos recém desclassificados, pesquisas de arquivo e depoimentos de testemunhas oculares uma revelação chocante que atinge o mundo todo – inclusive o Brasil. Por décadas, acreditou-se que o mundo em desenvolvimento se moveu pacificamente para o sistema capitalista liderado pelos Estados Unidos. O Método Jacarta demonstra que o brutal extermínio de militantes de esquerda não armados foi fundamental para o triunfo final de Washington na Guerra Fria.

"Hipnotizante. O Método Jacarta enfrenta pontos polêmicos de modo persuasivo e bem embasado, mas o livro realmente desponta como obra de jornalismo investigativo, narrando a história da violenta intromissão dos EUA no sudeste asiático e na América Latina, por meio dos relatos de quem foi afetado por ela."

– Jacobin